小学校 算数
「学び合い」を成功させる課題プリント集

西川 純・木村 薫
編著

6年生

本書の特徴

　『学び合い』は成績が上がります。特に、全国学力テスト（全国学力・学習状況調査）の点数は驚異的に上がります。

　ある小学校をサポートしました。『学び合い』の良さを分かっていただき、学校全体として『学び合い』に取り組むようになりました。その後、新しい校長が赴任してきました。その校長は以前より『学び合い』の授業を参観している方で、その良さを分かっていただいています。そこでの会話です。

校長：『学び合い』の良さは分かりますが、学力は上がらないですね？
　私：それは前校長も、先生方も学力を上げることを求めなかったからです。
校長：成績で結果を出さなければ、駄目ですよ。
　私：私自身は以前より成績を上げようと提案したのですが、人間関係の向上に先生方の意識が向いていて乗り気になっていただけませんでした。本当は、さらに一歩高い人間関係をつくるには成績向上を目指さなければなりません。校長がお望みならば、是非、やらせてください。
　　　ただし、最初にお伺いします。校長が向上をお望みの学力とは何ですか？　具体的には、平常の単元テストですか？　県配信テストですか？　全国学力テストですか？
校長：全国学力テストです。
　私：分かりました。3つのことをやっていただければ、向上させることをお約束します。
　　　第一に、校長先生が職員に全国学力テストの点数を上げることを求め、納得させてください。これは我々にはできません。
　　　第二に、職員の方々が子どもたちに全国学力テストの点数を上げることを求めてください。つまり、このことを本気でやっていただくように校長から職員の方々を納得させてください。
　　　第三に、我々が課題をつくります。『学び合い』でそれを使ってください。
校長：分かりました。

　その結果、全国学力テストを受けないクラスも含めて、先生方は子どもたちにテストの点数を上げるように求めました。
　一年後。全国学力テストで約20ポイントの向上が見られました。数ポイントで一喜一憂している方々にはビックリですね。その他の学年のクラスでもNRTや単元テストの点数が10ポイント以上の向上が見られました。
　すべては私が校長に求めた3つがポイントなのです。
　まず、第三のポイントを説明いたします。
　全国学力テストの通過率を調べると、それほど難しくないのに通過率が低い問題があります。どんな問題でしょうか？
　記述する問題です。
　単に計算するという問題の場合、普段の単元テストの成績と一致しています。ところが、記述問題になったとたんに通過率が低くなります。何故かといえば、普段の授業でも単元テストでも、そのような問題は解答に時間がかかるので避けられる傾向があります。だから、子どもたちは経験していないのです。

ところが全国学力テストB問題は、A問題とは異なりただ答えを出すだけでなく、記述式で「〜わけを、言葉や式をつかって書きましょう。」という、解き方を言葉や式で表現する問題が数多く出題されます。

　解き方や公式を機械的に覚えていけば簡単な計算問題などには対応することができます。しかし、答えを出すだけでなく、なぜそうなるのかを表現しなければならないのです。記述式問題になると、正答率は5割程度になってしまいます。無答率はおおむね1割に満たない程度です。何を聞かれていて、何を書けばよいか分からないけれどとりあえず何か書いておく、または何も書かないというようになってしまうのです。それには、やはり、日々の授業中においてその計算の仕方や、公式の意味、出てくる数値の意味を記述していくといった練習を数多くこなす必要があります。

　本課題集には記述問題を多く入れました。それらは大きく分けて二つに分かれます。

　第一に、問題の解き方などを記述させる問題です。例えば、以下のような問題です。

❷ 6＋8のけいさんのしかたをことばでかきましょう。3にんにせつめいし、なっとくしてもらえたらサインをもらいましょう。

［けいさんのしかた］

　しかし、問題のレベルが高い場合、どう書けばいいか成績上位層でも迷うことがあります。そこで第二のタイプの問題を用意しました。先に解を与えて、なぜそうなるかを問う課題を与えるということです。漠然と説き方を聞かれても、分からない子は分かりません。なので、先に解を与え、その過程を考えさせるのです。今までは、わけの分からない時間を経て、公式や解き方を覚えていました。それを先に公式や、答えが分かり、それはどう導けるかを考えるようにしていくのです。塾や通信教育で学んでいる子どもも、公式や解き方は覚えていますが、なぜそうなるかということまでは学んでいないことが多いのです。このことを踏まえた課題に取り組むことによって、一つ一つの計算の仕方の意味や、公式の意味、数値の意味を理解して言葉でまとめるといったことができるようになってきます。

❷ 48－4＝44になります。このけいさんのしかたをかきましょう。ただし「十のくらい」「一のくらい」ということばをつかいましょう。3人にせつめいし、なっとくしてもらえたらサインをもらいましょう。

🖉 ともだちのサイン

　このような記述式に対応する力は、低学年、中学年ではあまり扱われません。しかし、それらの力が算数において重要な力であることは言うまでもないことです。式の意味や計算の仕方を言葉で書いたり、

説明したりする活動を多くこなすことによって、なぜそうなるかを考える習慣を身に付けたり、言葉や式で表現することに抵抗感なく取り組めるようになったりすることができます。また、理由を言語化してみる、人に伝わる形で表してみるということは、自身の理解を確かにしていくことに大いに役に立ちます。あやふやなことを、文章にしていくことや人に伝えていくことによって、より正確な理解へとつながっていくのです。

　本書は、『学び合い』を成功させる課題プリント集で、日々の授業で使っていただくことを想定しています。課題は、「〜ができる、〜を解くことができる」というものだけではありません。多くが、「〜を解き３人に説明し、納得してもらえたらサインをもらう」「式の意味や計算の仕方を言葉で書き、書いたものを３人に説明し納得してもらえたらサインをもらう」というものです。

　問題解決的な授業として、教科書を見せずに、漠然と「計算の仕方を考えよう」と教師が提示して「自力解決」を促し、その後全体で交流する、といった授業も行われています。しかし、これでは、分からない子は分からないまま自力解決のときには、ボーっとしています。結局「自力解決」できるのは、塾や通信教育で学校の授業を先に勉強している子どもだけです。その子たち数人が、教師に解き方を説明し、教師はそれを笑顔でうなずきながら板書をします。分からなかった子どもたちは、何かよく分からないまま、教師が板書したことをノートに写します。そして、よく意味も分からない公式や計算の仕方をこういうものだと思い、なんとなく覚えていくのです。

　このような授業は、誰の役にも立っていません。分かる子は、もっと分かっている教師に説明しているだけです。分からない子は分からないままです。

　では、どうすればよいのか。

　先に述べたとおり、解き方を文章化したり、友達に伝えたりすることによって、理解を確かなものにしていくことです。分からない子も、友達の説明を聞くことによって分かるようになっていきます。そして、最初は分からなかった子も「全員が説明できるようになる。」という課題のもと、自分の言葉で人に説明できるために学習に取り組んでいくのです。

　まさに『学び合い』でやっていることです。

　このように、言葉でまとめる練習をしたり、子ども同士で説明し合ったりという問題を数多く入れています。説明が正しければサインをもらえます。正しくないのにサインをしている姿は『学び合い』の「一人も見捨てない」に反していることを、教師は語らなければなりません。１時間ごとのめあても、「全員が〜を説明できるようになる」と提示し、全員が課題を説明できるようになってほしいと願い、クラス全員で実行していきます。

　全国学力テスト直前期に類似問題を数多く行うことによっても、もちろん点数の向上が見られます。しかし、低学年のうちから、言葉で説明するということを繰り返すことによっても、解き方を言葉や式で表現する問題に対応する力を伸ばしていくことができるのです。それ故、本課題集は年間を通して使えるようにしています。

本課題集を活用すれば全国学力テストで点数は上がります。しかし、驚異的な向上を望むならば、まだ足りません。

　私は新校長に、以下を求めました。

> 第一に、校長先生が職員に全国学力テストの点数を上げることを求め、納得させてください。これは我々にはできません。
> 第二に、職員の方々が子どもたちに全国学力テストの点数を上げることを求めてください。つまり、このことを本気でやっていただくように校長から職員の方々を納得させてください。

　全国学力テストの点数が上がらない最大の理由は、子どもたちがテストの点数を上げることに意味を持っていないからです。全国学力テストは平常の単元テストに比べて問題数が多く、記述式が多いのです。途中で「どうでもいい」と思う子が生まれるのは当然です。それらが無答に繋がります。

　100点満点で90点の子どもを95点にするのは困難です。しかし、20点の子どもを50点にすることは容易いでしょう。要はその子がテストの点数を上げようと思い、食らいついていけばいいだけのことです。20点が50点に上がれば30点の上昇です。その子一人でクラス平均を1ポイント上げることができるのです。途中で投げ出す子どもを思い浮かべてください。かなりの上昇が期待できます。

　何故、子どもが全国学力テストで点数を上げようとしないのでしょうか？　それは教師が全国学力テストの点数を上げたいと思っていないからです。もちろん点数が上がったらいいなとは思っているでしょうが、上げるために何かをすること、ましてや子どもに点数を上げることを求めることは「不浄」なように感じていると思います。

　私だったら子どもたちに以下のように語るでしょう。

　『陸上や水泳で、学校を代表して大会に参加する人もいるよね。そんな人は学校のために頑張るし、学校のみんなも応援するよね。みなさんは全国学力テストというテストを受けます。これはみなさん全員が参加する勉強の全国大会です。私はみなさんの勉強する姿を見てすごいと思っています。そのすごさを保護者に自慢したくてうずうずしています。この大会で全国優勝をしましょう！　君たちならできると思います。この大会は団体戦です。一人の例外もなく結果を出したとき優勝できる。つまり、『学び合い』で大事にしている「一人も見捨てない」ということを徹底しているクラスが結果を出せます。つまり、仲間を大事にしている最高のクラスが優勝できるのです。みんなで優勝しましょう！』

　実は全国学力テストの対策としては、詳細な分析を行った優れた類書があります（例えば、『TOSS算数PISA型スキル　No.15 学力B問題（改訂版）』（東京教育技術研究所））。しかし、本書は「記述できる。説明できる」の1点に焦点を当てています。理由はそれが全国学力テスト以外にも汎用性が高いからです。記述し、説明する能力が上がれば、それはNRTや単元テストにも影響する全般的な学力の基礎となるからです。第二に、あまり手を広げても、「伸びしろ」の大きい成績下位層にはそれほど影響がないと判断したからです。

　もし、みなさんが1点でも多く取ろうと思い、記述式に慣れたクラスだったら、どれほどの結果を出せると思いますか？　結果を出せるために手品の種は、たったこれだけです。これだけのことを徹底できれば結果を出せます。

本書の使い方

　本書は、『学び合い』によって進めていきます。全員が課題を達成することを求め、子どもたちに力をつけさせていきます。

【準備するもの】
・本書の該当単元のワークシートのコピー人数分
・本書の該当単元のワークシートの答え1、2枚
・クラスの子どものネームプレート

　本書のワークシートをコピーしたものを人数分用意します。また、答えも用意し、教室の前方や後方に置いておき、答え合わせをしたり、分からないときのヒントにできるようにしておきます。

　誰ができて、誰がまだ考え中かを分かるようにネームプレートを使います。黒板にマグネットでできたネームプレートを貼り、できた人は、「まだ」の囲みから、「できた」の囲みに移すようにします。できていない子は「できた」の子に聞きに行けますし、できた子は「まだ」の子に教えに行くことができ、子ども同士の助け合いができるようになります。

【本書を利用した授業の流れ】

（時間は目安です。クラスの実態、課題の難易度によって変わります）

①スタート〜5分ぐらい　（教師が課題を伝える）

　子ども同士が、問題に向き合い、考えたり、教え合ったり、説明し合ったりする時間を多く設けるために、教師が課題を伝える時間は5分以内にします。課題の内容は、あらかじめワークシートに記入してありますので、板書を書き写すといった手間も省きます。この語りでは、「一人も見捨てずに、全員が達成することが目標である」ことを伝えます。そして、そのためには、「分からないから教えて」と自分から動くことがいいことであるということを奨励します。

②5分ぐらい〜30分ぐらい　（子どもが動き、グループでの学習が始まる）

　最初は一人一人課題に取り組むために、あまり動きは見られないかもしれません。しかし、「時間内に全員が達成すること」を教師が伝えることによって、子どもたちは自分たちで考えてグループを作るようになります。友達のところに動く、「一緒にしよう」というような声かけ、すぐに課題に取り組む姿、「教えて」と助けを借りる姿、「大丈夫？　分かる？」と友達を助けようとする姿などが見られたら、それを大きな声でクラス全体に広めましょう。

　できた子は、3人に説明したり解答を見て丸つけをしたりします。その後、マグネットを動かし、まだ終わっていない子に教えにいきます。このとき、よく仲の良い子にばかり教えにいくなどグループが

固定化することが考えられます。分からない子は、一人で分からないままということも見られます。教師は「全員達成をするためには、誰に教えにいったり、誰と交流したりすることがいいのかな」と伝えていきます。

③ 30分ぐらい〜40分（めざせ、全員達成！）

　残り10分程度になると課題を達成した子ども、達成していない子どもと分かれてきます。あまりネームプレートが動いていない場合は、終わっている子どもに向けて「みんなが分かるためにはどうしたらいいかな？」「いろいろなところにちらばるのもいいよね」と最後までみんなのためにできることをするよう声をかけます。

　一方、ネームプレートが動いている子が多い場合は、「自分の考えを伝えれば伝えるほど、賢くなるし、友達のためにもなるよ」と、よりみんなが分かることを目指すような声かけを教師がするようにします。達成した子がほとんどで、達成していない子が数人となる場合があります。そのようなときには、「みんなも大勢の友達に囲まれたら勉強しにくいよね」「教えるだけじゃなくて、本当にみんなが分かるためにできることもあるよね」と言い、残りの時間を本当に分かるために使うように言葉かけをします。

　例えば、「説明を紙を見ないで言えるようになるともっといいよね」や「違う問題を自分たちでつくって、計算の仕方を説明してみるのもいいよね」というように言葉かけをすることによって、課題が終わってしまい、教える相手がいない子どもも、友達と交流しながら、理解を確かなものにすることができます。

④ 40分〜45分（成果の振り返り）

　「全員達成」ができたかを振り返ります。学習のまとめはしません。ここで、学習のまとめをしてしまうと、最後に先生がまとめてくれるからと思い、『学び合い』に真剣に取り組まなくなります。従来のなんだかよく分からないけれど、まとめを覚えればよい授業と同じになってしまいます。まとめをしないからこそ、授業中の交流を通して、課題を「全員達成」してみんなで分かることを求めるのです。

　課題を達成していない人がいたときには、次はどのようにすればよいかを子どもたちに考えさせます。そして、教師の「全員達成」をあきらめない気持ちを伝えます。

本書の問題は、株式会社教育同人社より発行している算数ドリルの問題を掲載（一部修正）しております。教育同人社様のご協力に感謝申し上げます。

もくじ

本書の特徴　　2
本書の使い方　　6

Part 1
『学び合い』を成功させる課題プリント集

課題1　対称な図形 めあてと課題　　12
1 全員が線対称な図形に対称軸をかくことができる。　　14
2 全員が線対称な図形の対応する点，辺，角を示すことができる。　　15
3 全員が線対称な図形をかくことができる。　　16
4 全員が点対称な図形について説明することができる。　　17
5 全員が点対称な図形の対応する点，辺，角を示すことができる。　　18
6 全員が点対称な図形をかくことができる。　　19
7 全員が正多角形や円の対称軸，対称の中心を見つけることができる。　　20

課題2　曲線のある形の面積 めあてと課題　　21
1 全員が円の面積を求める公式をおぼえて，説明することができる。　　22
2 全員が円や半円の面積を求めることができる。　　23
3 全員が形の組み合わせを考え，面積を求めることができる。　　24
4 全員が形の組み合わせを考え，面積を求めることができる（応用編）。　　25

課題3　文字と式 めあてと課題　　26
1 全員が x など文字を使い，式で表すことができる。　　27
2 全員が x で式を表し，x に当てはまる数を求めることができる。　　28
3 全員が x などの文字を使い，かけ算がまざった式で表し，解くことができる。　　29
4 全員が x などの文字を使い，いろいろな単位を用いて，問題文を式で表すことができる。　　30

課題4　分数のかけ算 めあてと課題　　31
1 全員が（分数）×（分数）の計算が分かり，できるようになる。　　32
2 全員が（分数）×（分数）の計算で約分ができるようになる。　　33
3 全員が（整数）×（分数）の計算，（分数）×（整数）ができるようになる。　　34
4 全員がかける数と積の大きさの関係が分かり，計算できる。　　35
5 全員が分数で面積や体積を求めることができる。　　36
6 全員が分数の計算のきまりを分かって計算することができる。　　37
7 全員が逆数の意味が分かり，逆数を求めることができる。　　38
8 全員が分数のかけ算の文章問題を解くことができる。　　39

課題5 分数のわり算 めあてと課題　　40

1. 全員が（分数）÷（分数）の計算を分かり，できるようになる。　42
2. 全員が（分数）÷（分数）の計算で約分ができるようになる。　43
3. 全員が（整数）÷（分数）の計算，（分数）÷（整数）ができるようになる。　44
4. 全員がわる数と商の大きさの関係が分かり，計算できる。　45
5. 全員がかけ算とわり算のまじった分数を計算できる。　46
6. 全員が分数，小数，整数のまじった計算ができる。　47
7. 全員が場面から，わり算の式を作って答えを求めることができる。　48
8. 全員が分数の倍や商や積を使って答えを求めることができる。　49
9. 全員がもととなる数の大きさを求めることができる。　50

課題6 立体の体積 めあてと課題　　51

1. 全員が角柱の体積の求め方を説明することができる。　52
2. 全員が角柱の体積を求めることができる。　53
3. 全員が円柱やいろいろな立体の体積の求め方を説明することができる。　54
4. 全員が円柱やいろいろな立体の体積を求めることができる。　55
5. 全員がおよその面積を求めることができる。　56

課題7 比とその応用 めあてと課題　　57

1. 全員が割合を比で表すことができる。　58
2. 全員が比の値を求めることができる。　59
3. 全員が等しい比の性質が分かり，比をかんたんにすることができる。　60
4. 全員が比の関係を使って，一方の量を求めることができる。　61

課題8 拡大図と縮図 めあてと課題　　62

1. 全員が拡大図と縮図の性質が分かる①。　64
2. 全員が拡大図と縮図の性質が分かる②。　65
3. 全員が拡大図や縮図をかくことができる①。　66
4. 全員が拡大図や縮図をかくことができる②。　67
5. 全員が縮図を利用して，実際の長さを求めることができる。　68

課題9 速さ めあてと課題　　69

1. 全員が速さの求め方や表し方が分かる。　71
2. 全員が速さと時間から，道のりを求めることができる。　72
3. 全員が速さと道のりから，時間を求めることができる。　73
4. 全員が，速さが同じとき道のりは時間に比例することが分かる。　74
5. 全員が作業する速さを比べることができる。　75

課題 10 比例 反比例 めあてと課題 　　76

1 全員が比例の関係を，式に表して説明することができる。　　79
2 全員が比例の性質はどうなっているのかを説明することができる。　　80
3 全員が小数の場合でも比例の関係が成り立つことを説明することができる。　　81
4 全員が分数の場合でも比例の関係が成り立つ理由を説明することができる。　　82
5 全員が比例と比例ではないものの区別ができるようになる。　　83
6 全員が比例のグラフの書き方を説明できる。　　84
7 全員が2つの比例のグラフの数量の関係を読み取り，説明することができる。　　85
8 全員が比例を利用して問題の解き方を説明することができる。　　86
9 全員が反比例の性質を説明することができる。　　87
10 全員がこれまでの算数の時間で学習した例から反比例の例を説明することができる。　　88
11 全員が反比例の関係をグラフに表すことができる。　　89

課題 11 並べ方 めあてと課題 　　90

1 全員が並べ方の問題の解き方を説明することができる。　　91
2 全員が組み合わせの問題の解き方を説明することができる。　　92
3 全員が並べ方か，組み合わせ方を考えて，問題の解き方を説明することができる。　　93

課題 12 資料の調べ方 めあてと課題 　　94

1 全員が集団での記録を平均や散らばりで比べるやり方を説明することができる。　　96
2 全員が資料を表に整理して，その表の読み取り方を説明することができる。　　97
3 全員がグラフを表にして，そのグラフの読み取り方を説明することができる。　　98
4 全員が複数のグラフを読んで，求められていることを説明することができる。　　99

課題 13 量と単位の仕組み めあてと課題 　　100

1 全員が面積の単位とその仕組みを説明することができる。　　101
2 全員が長さや重さ，リットルがつく単位とメートル法の仕組みを理解することができる。　　102

Part 2 『学び合い』を成功させる課題プリント・解答集 　　103

Part 1
『学び合い』を成功させる
課題プリント集

- **課題1** 対称な図形　めあてと課題 ……… **12**
- **課題2** 曲線のある形の面積　めあてと課題 ……… **21**
- **課題3** 文字と式　めあてと課題 ……… **26**
- **課題4** 分数のかけ算　めあてと課題 ……… **31**
- **課題5** 分数のわり算　めあてと課題 ……… **40**
- **課題6** 立体の体積　めあてと課題 ……… **51**
- **課題7** 比とその応用　めあてと課題 ……… **57**
- **課題8** 拡大図と縮図　めあてと課題 ……… **62**
- **課題9** 速さ　めあてと課題 ……… **69**
- **課題10** 比例　反比例　めあてと課題 ……… **76**
- **課題11** 並べ方　めあてと課題 ……… **90**
- **課題12** 資料の調べ方　めあてと課題 ……… **94**
- **課題13** 量と単位の仕組み　めあてと課題 ……… **100**

課題1 対称な図形

	めあて（GOAL）	課題
1	全員が線対称な図形に対称軸をかくことができる。	❶ 2つに折るとぴったり重なる図があります。どのように折れば重なるか，折り目をかき入れましょう。 ❷ 線対称な図形について「対称軸」という言葉を使って2人に説明し，なっ得してもらえたらサインをもらいましょう。 ❸ 身のまわりから，線対称な図形を探して，なぜその図形が線対称なのかを2人に説明し，なっ得してもらえたらサインをもらいましょう。
2	全員が線対称な図形の対応する点，辺，角を示すことができる。	❶ 右の図形は線対称な図形で，直線アイは対称軸です。頂点，辺，角に対応する頂点，辺，角はどれか書きましょう。 ❷ 右の図形は線対称な図形で，直線アイは対称軸です。 ① 垂直に交わっているのは，どれとどれか書きましょう。 ② 直線 CN と直線 LN の長さは，どのようになっていますか。また，なぜそう考えたかを2人に説明し，なっ得してもらえたらサインをもらいましょう。
3	全員が線対称な図形をかくことができる。	❶ 下の方眼に，直線アイが対称軸になるように，線対称な図形をかきましょう。また，どのように考えて答えを決めたかを2人に説明し，なっ得してもらえたらサインをもらいましょう。 ❷ 下の図に直線アイが対称軸になるように，線対称な図形をかきましょう。また，どのように考えて答えを決めたかを2人に説明し，なっ得してもらえたらサインをもらいましょう。
4	全員が点対称な図形について説明することができる。	❶ 次の図で，「・」の点を中心にして180°回転すると，もとの図形ときちんと重なり合う図形はどれですか。選んで記号を書きましょう。 ❷ 点対称な図形を「対称の中心」という言葉を使って説明しましょう。また身のまわりから点対称な図形を探してしょうかいしましょう。説明としょうかいを3人にし，なっ得してもらえたら，サインをもらいましょう。

5	全員が点対称な図形の対応する点，辺，角を示すことができる。	❶ 下の形は点対称な図形で，点 O は対称の中心です。次の頂点，辺，角と対応するものはどれですか。 ❷ 右の形は点対称な図形で，点 O は対称の中心です。 　① 対応する2つの点を結ぶ直線は，どこを通りますか。 　② 直線 EO と直線 KO の長さは，どのようになっていますか。またその理由を2人に説明し，なっ得してもらえたらサインをもらいましょう。
6	全員が点対称な図形をかくことができる。	❶ 下の方眼に，点 O が対称の中心になるように，点対称な図形をかきましょう。また，どのように考えて答えを決めたかを2人に説明し，なっ得してもらえたらサインをもらいましょう。 ❷ 下の形は点 O を中心とした，点対称な図形の半分を表しています。残り半分をかきましょう。また，どのように考えて答えを決めたかを2人に説明し，なっ得してもらえたらサインをもらいましょう。
7	全員が正多角形や円の対称軸，対称の中心を見つけることができる。	❶ 次の四角形について答えましょう。 　① 下の正方形に，対称軸をすべてかきましょう。 　② 下の平行四辺形に，対称の中心をかきましょう。 ❷ 次の多角形について調べて，下の表にまとめましょう。対称な図形には○を，そうではない図形には×を書きましょう。また線対称な図形には，対称の軸の数も書きましょう。

対称な図形 1

_____組_____番　氏名_____

GOAL
全員が線対称な図形に対称軸をかくことができる。

❶ 2つに折るとぴったり重なる図があります。どのように折れば重なるか、折り目をかき入れましょう。

① 　② 　③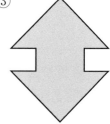

❷ 線対称な図形について「対称軸」という言葉を使って2人に説明し、なっ得してもらえたらサインをもらいましょう。

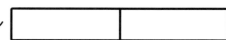
友だちのサイン

❸ 身のまわりから、線対称な図形を探して、なぜその図形が線対称なのかを2人に説明し、なっ得してもらえたらサインをもらいましょう。

友だちのサイン

対称な図形 ❷

　　　　　　　　　　　組　　　番　氏名

GOAL
全員が線対称な図形の対応する点，辺，角を示すことができる。

❶ 右の図形は線対称な図形で，直線アイは対称軸です。
頂点，辺，角に対応する頂点，辺，角はどれか書きましょう。

① 頂点 C　（　　　　　　　　）

② 辺 AB　（　　　　　　　　）

③ 辺 GH　（　　　　　　　　）

④ 角 K　　（　　　　　　　　）

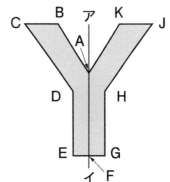

❷ 右の図形は線対称な図形で，直線アイは対称軸です。
① 垂直に交わっているのは，どれとどれか書きましょう。

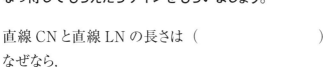

（　　　　　　　）と（　　　　　　　）は
垂直に交わっている。

② 直線 CN と直線 LN の長さは，
どのようになっていますか。
また，なぜそう考えたかを 2 人に説明し，
なっ得してもらえたらサインをもらいましょう。

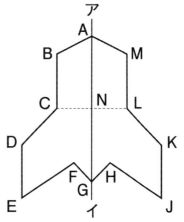

直線 CN と直線 LN の長さは（　　　　　　　）
なぜなら，

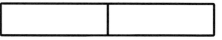

✎ 友だちのサイン

対称な図形 ❸

_____組_____番 氏名_____

🏅 GOAL
全員が線対称な図形をかくことができる。

❶ 下の方眼に，直線アイが対称軸になるように，線対称な図形をかきましょう。また，どのように考えて答えを決めたかを2人に説明し，なっ得してもらえたらサインをもらいましょう。

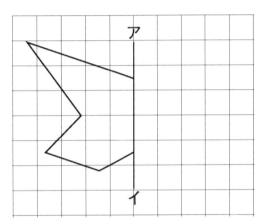

✏️ 友だちのサイン

❷ 下の図に直線アイが対称軸になるように，線対称な図形をかきましょう。また，どのように考えて答えを決めたかを2人に説明し，なっ得してもらえたらサインをもらいましょう。

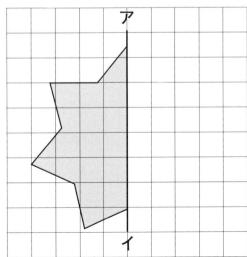

✏️ 友だちのサイン

対称な図形 ❹

組　　　番　氏名

GOAL
全員が点対称な図形について説明することができる。

❶ 次の図で,「・」の点を中心にして 180°回転すると, もとの図形ときちんと重なり合う図形はどれですか。選んで記号を書きましょう。

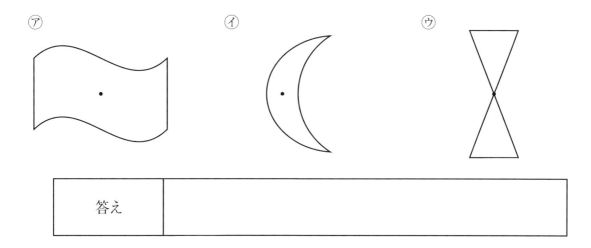

答え	

❷ 点対称な図形を「対称の中心」という言葉を使って説明しましょう。また身のまわりから点対称な図形を探してしょうかいしましょう。説明としょうかいを 3 人にし, なっ得してもらえたら, サインをもらいましょう。

友だちのサイン

対称な図形 ❺

_____組_____番 氏名_____

🏅GOAL
全員が点対称な図形の対応する点，辺，角を示すことができる。

❶ 下の形は点対称な図形で，点 O は対称の中心です。次の頂点，辺，角と対応するものはどれですか。

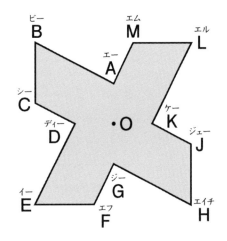

① 頂点 B （　　　　　　　）

② 辺 CD （　　　　　　　）

③ 辺 AB （　　　　　　　）

④ 角 L　 （　　　　　　　）

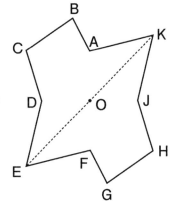

❷ 右の形は点対称な図形で，点 O は対称の中心です。
① 対応する 2 つの点を結ぶ直線は，どこを通りますか。

（　　　　　　　　　　　　　　）

② 直線 EO と直線 KO の長さは，どのようになっていますか。
またその理由を 2 人に説明し，なっ得してもらえたらサインをもらいましょう。

（　　　　　　　　　　　　　　）

理由

📝友だちのサイン

対称な図形 ❻

_____組_____番 氏名_____

GOAL
全員が点対称な図形をかくことができる。

❶ 下の方眼に，点Oが対称の中心になるように，点対称な図形をかきましょう。また，どのように考えて答えを決めたかを2人に説明し，なっ得してもらえたらサインをもらいましょう。

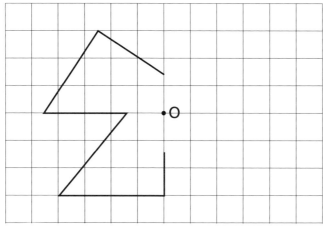

✎友だちのサイン

❷ 下の形は点Oを中心とした，点対称な図形の半分を表しています。残り半分をかきましょう。また，どのように考えて答えを決めたかを2人に説明し，なっ得してもらえたらサインをもらいましょう。

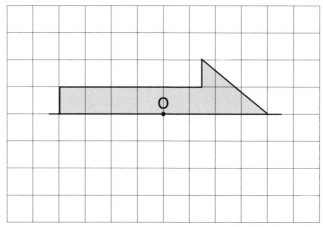

✎友だちのサイン

対称な図形 7

_____組 _____番 氏名_____

GOAL
全員が正多角形や円の対称軸，対称の中心を見つけることができる。

❶ 次の四角形について答えましょう。

① 下の正方形に，対称軸をすべてかきましょう。

② 下の平行四辺形に，対称の中心をかきましょう。

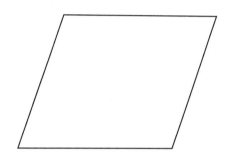

❷ 次の多角形について調べて，下の表にまとめましょう。
対称な図形には〇を，そうではない図形には×を書きましょう。また線対称な図形には対称軸の数も書きましょう。

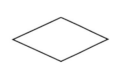

ひし形　　正三角形　　正五角形　　正六角形　　正八角形

	線対称	対称軸の数	点対称
ひし形			
正三角形			
正五角形			
正六角形			
正八角形			

課題2 曲線のある形の面積

	めあて（GOAL）	課題
1	全員が円の面積を求める公式をおぼえて，説明することができる。	❶ 円の面積を求める公式を書きましょう。そしてなぜこの公式になるか例を出しながら，3人に説明し，なっ得してもらえたらサインをもらいましょう。 ❷ 半径3cmの円の面積を求めましょう。
2	全員が円や半円の面積を求めることができる。	❶ 下の図形の面積を求めましょう。 ❷ 下の図の面積を求めましょう。またどのように求めたかを2人に説明し，なっ得してもらえたらサインをもらいましょう。
3	全員が形の組み合わせを考え，面積を求めることができる。	❶ 色をぬった部分の面積を求めましょう。 ❷ 色をぬった部分の面積を求めましょう。またどのように求めたかを3人に説明し，なっ得してもらえたらサインをもらいましょう。
4	全員が形の組み合わせを考え，面積を求めることができる(応用編)。	❶ 色をぬった部分の面積を求めましょう。

曲線のある形の面積 1

_____組_____番 氏名_____

GOAL
全員が円の面積を求める公式をおぼえて，説明することができる。

❶ 円の面積を求める公式を書きましょう。そしてなぜこの公式になるか例を出しながら，3人に説明し，なっ得してもらえたらサインをもらいましょう。

✏️友だちのサイン

❷ 半径3cmの円の面積を求めましょう。

［ 式 ］_____

［ 答え ］_____

曲線のある形の面積 ❷

_____組_____番 氏名_____

🏅GOAL
全員が円や半円の面積を求めることができる。

❶ 下の図形の面積を求めましょう。

①
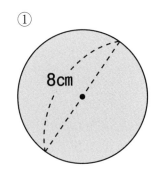

[式]_____

[答え]_____

②
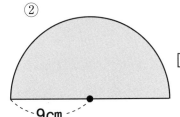

[式]_____

[答え]_____

❷ 下の図の面積を求めましょう。またどのように求めたかを2人に説明し，なっ得してもらえたらサインをもらいましょう。

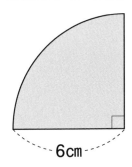

[式]_____

[答え]_____

✎友だちのサイン

曲線のある形の面積 ❸

____組 ____番 氏名_____

🏅GOAL
全員が形の組み合わせを考え，面積を求めることができる。

❶ 色をぬった部分の面積を求めましょう。

①
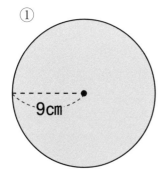

[式]_____

[答え]_____

②
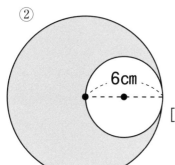

[式]_____

[答え]_____

❷ 色をぬった部分の面積を求めましょう。またどのように求めたかを3人に説明し，なっ得してもらえたらサインをもらいましょう。

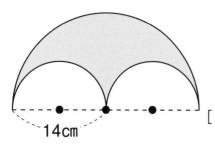

[式]_____

[答え]_____

✏️友だちのサイン | | | |

曲線のある形の面積 ❹

___組___番 氏名_____

GOAL
全員が形の組み合わせを考え，面積を求めることができる(応用編)。

❶ 色をぬった部分の面積を求めましょう。

①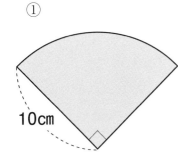

[式]_____

[答え]_____

②

[式]_____

[答え]_____

③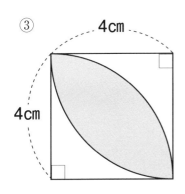

[式]_____

[答え]_____

課題3 文字と式

	めあて（GOAL）	課題
1	全員がxなど文字を使い，式で表すことができる。	❶ 下の正三角形のまわりの長さを求める式を書きましょう。 ❷ 1辺の長さが$x$cmのときの，正三角形のまわりの長さを求める式を書きましょう。そしてなぜそうなるかを2人に説明し，なっ得してもらえたらサインをもらいましょう。
2	全員がxで式を表し，xに当てはまる数を求めることができる。	❶ たての長さが6cm，横の長さが$x$cmの長方形があります。下の問題を解きましょう。 ① 長方形の面積を求める式を書きましょう。 ② 横の長さが13cm，8.5cmのときの長方形の面積を求めましょう。 ③ 面積が96cm²になるときの，横の長さを求めましょう。またどうやって求めたかを3人に説明し，なっ得してもらえたらサインをもらいましょう。
3	全員がxなどの文字を使い，かけ算がまざった式で表し，解くことができる。	❶ x円のボールを7個買うと，代金はy円です。下の問題を解きましょう。 ① xとyの関係を式で表しましょう。また，どうやって式を立てたか3人に説明し，なっ得してもらえたらサインをもらいましょう。 ② xの値が120のとき，対応するyの値を求めましょう。 ③ yの値が630になるときの，xの値を求めましょう。
4	全員がxなどの文字を使い，いろいろな単位を用いて，問題文を式で表すことができる。	❶ 次の場面で，xとyの関係を式に表しましょう。そしてそれぞれどうやって式を立てたか，2人に説明し，なっ得してもらえたらサインをもらいましょう。 ① x人いた教室に11人入ってきました。教室には全部でy人います。 ② x dLの牛乳があります。2 dL飲みました。残りはy dLです。 ③ 9人にx枚ずつ厚紙を配るときの，必要な厚紙の枚数はy枚です。 ④ 面積が36cm²の平行四辺形があります。底辺がx cmのとき，高さは$y$cmです。

文字と式 １

_____組_____番 氏名_____

GOAL
全員が x など文字を使い，式で表すことができる。

❶ 下の正三角形のまわりの長さを求める式を書きましょう。

① 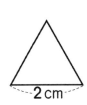　② 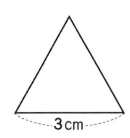　③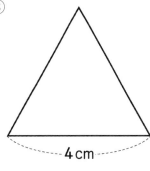

(　　　　　)　(　　　　　　　)　(　　　　　　　　)

❷ １辺の長さが x cmのときの，正三角形のまわりの長さを求める式を書きましょう。そしてなぜそうなるかを２人に説明し，なっ得してもらえたらサインをもらいましょう。

[式]_____

[説明]

✎友だちのサイン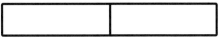

文字と式 ❷

____組____番 氏名_____

🏅 GOAL

全員が x で式を表し，x に当てはまる数を求めることができる。

❶ たての長さが 6cm，横の長さが $x$cm の長方形があります。下の問題を解きましょう。

① 長方形の面積を求める式を書きましょう。

[式]_____

② 横の長さが 13cm，8.5cm のときの長方形の面積を求めましょう。

(1) 13cm のとき

[式]_____

[答え]_____

(2) 8.5cm のとき

[式]_____

[答え]_____

③ 面積が 96cm² になるときの，横の長さを求めましょう。またどうやって求めたかを 3 人に説明し，なっ得してもらえたらサインをもらいましょう。

[式]_____

[答え]_____

✏ 友だちのサイン

文字と式 ❸

___組___番 氏名_____

🏅GOAL

全員が x などの文字を使い，かけ算がまざった式で表し，解くことができる。

❶ x 円のボールを 7 個買うと，代金は y 円です。下の問題を解きましょう。

① x と y の関係を式で表しましょう。また，どうやって式を立てたか 3 人に説明し，なっ得してもらえたらサインをもらいましょう。

[式]_____

✏️友だちのサイン | | | |

② x の値が 120 のとき，対応する y の値を求めましょう。

[式]_____

[答え]_____

③ y の値が 630 になるときの，x の値を求めましょう。

[式]_____

[答え]_____

文字と式 ❹

_____組_____番 氏名_____

🥇GOAL
全員がxなどの文字を使い、いろいろな単位を用いて、問題文を式で表すことができる。

❶ 次の場面で、xとyの関係を式に表しましょう。そしてそれぞれどうやって式を立てたか、2人に説明し、なっ得してもらえたらサインをもらいましょう。

① x人いた教室に11人入ってきました。教室には全部でy人います。

[式]_____

② x dL の牛乳があります。2 dL 飲みました。残りはy dL です。

[式]_____

③ 9人にx枚ずつ厚紙を配るときの、必要な厚紙の枚数はy枚です。

[式]_____

④ 面積が36cm²の平行四辺形があります。底辺が$x$cmのとき、高さは$y$cmです。

[式]_____

✏️友だちのサイン

課題4 分数のかけ算

	めあて（GOAL）	課題
1	全員が(分数)×(分数)の計算が分かり，できるようになる。	❶ □に当てはまる数や言葉を書きましょう。 ❷ 分数×分数の計算のやり方を「分母同士」という言葉を使って，3人に説明し，なっ得してもらえたらサインをもらいましょう。 ❸ かけ算をして，問題を解きましょう。
2	全員が(分数)×(分数)の計算で約分ができるようになる。	❶ □に当てまる数を書きましょう。 ❷ かけ算をして，問題を解きましょう。
3	全員が(整数)×(分数)の計算，(分数)×(整数)ができるようになる。	❶ □に当てはまる数を書きましょう。 ❷ かけ算をして，問題を解きましょう。 ❸ 自分で整数と分数のかけ算の問題を作って，2人に解いてもらい，正解したらサインをもらいましょう。
4	全員がかける数と積の大きさの関係が分かり，計算できる。	❶ □に当てはまる不等号を書きましょう。 ❷ 分数の計算をして，問題を解きましょう。
5	全員が分数で面積や体積を求めることができる。	❶ 下の長方形の面積を求めましょう。 ❷ 下の図形の面積，立体の体積をそれぞれ求めましょう。 ❸ 分数で面積，体積を求める問題を自分で作って，3人に解いてもらい，正解したらサインをもらいましょう。
6	全員が分数の計算のきまりを分かって計算することができる。	❶ □に当てはまる数を書きましょう。 ❷ 工夫して計算しましょう。 ❸ 下の問題を計算しましょう。またどんな工夫をして計算したかを3人に説明し，なっ得してもらえたらサインをもらいましょう。
7	全員が逆数の意味が分かり，逆数を求めることができる。	❶ 逆数について例を使って，3人に説明し，なっ得してもらえたらサインをもらいましょう。 ❷ 次の数の逆数を求めましょう。
8	全員が分数のかけ算の文章問題を解くことができる。	❶ 1Lの重さが $\frac{9}{10}$ kgの油があります。この油が $\frac{3}{5}$ Lのとき，重さは何kgですか。 ❷ 米1kgの中には，でんぷんが約 $\frac{3}{4}$ kgふくまれています。米 $3\frac{1}{3}$ kgにはおよそ何kgのでんぷんがふくまれていますか。 ❸ たてが $\frac{2}{7}$ m，横が $\frac{7}{12}$ m，高さが $\frac{3}{8}$ mの直方体があります。この直方体の体積は何m³ですか。

分数のかけ算 1

___組___番 氏名_____

🥇GOAL
全員が(分数)×(分数)の計算が分かり，できるようになる。

❶ □に当てはまる数や言葉を書きましょう。

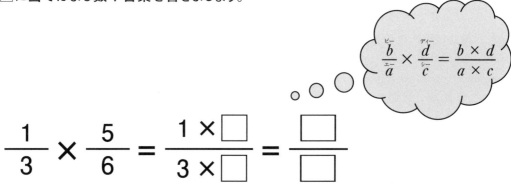

$$\frac{1}{3} \times \frac{5}{6} = \frac{1 \times \square}{3 \times \square} = \frac{\square}{\square}$$

思考の吹き出し：$\frac{b}{a} \times \frac{d}{c} = \frac{b \times d}{a \times c}$（エー、ビー、シー、ディー）

❷ 分数×分数の計算のやり方を「分母同士」という言葉を使って，3人に説明し，なっ得してもらえたらサインをもらいましょう。

✏️友だちのサイン　|　　　|　　　|　　　|

❸ かけ算をして，問題を解きましょう。

① $\frac{8}{9} \times \frac{2}{3} =$ ② $\frac{7}{10} \times \frac{3}{8} =$

③ $\frac{5}{6} \times \frac{11}{3} =$ ④ $\frac{10}{9} \times \frac{8}{7} =$

分数のかけ算 2

____組____番 氏名_____

GOAL
全員が(分数)×(分数)の計算で約分ができるようになる。

❶ □に当てはまる数を書きましょう。

$$\frac{6}{7} \times \frac{5}{12} = \frac{\square \times \square}{\square \times \square} = \frac{\square}{\square}$$

❷ かけ算をして，問題を解きましょう。

① $\dfrac{4}{7} \times \dfrac{1}{8} =$　　　　② $\dfrac{9}{10} \times \dfrac{4}{5} =$

③ $\dfrac{2}{9} \times \dfrac{3}{11} =$　　　　④ $\dfrac{9}{16} \times \dfrac{8}{5} =$

⑤ $\dfrac{8}{15} \times \dfrac{3}{4} =$　　　　⑥ $\dfrac{8}{9} \times \dfrac{3}{20} =$

⑦ $\dfrac{9}{100} \times \dfrac{25}{21} =$　　　　⑧ $\dfrac{7}{9} \times \dfrac{9}{7} =$

分数のかけ算 ③

_____組_____番 氏名_____

GOAL
全員が(整数)×(分数)の計算,(分数)×(整数)ができるようになる。

❶ □に当てはまる数を書きましょう。

① $2 \times \dfrac{3}{5} = \dfrac{\Box \times 3}{\Box \times 5} = \dfrac{\Box}{\Box}$

② $1\dfrac{3}{4} \times \dfrac{4}{9} = \dfrac{\Box}{4} \times \dfrac{4}{9} = \dfrac{\overset{\Box}{\Box \times \cancel{4}}}{\underset{\Box}{\cancel{4} \times 9}} = \dfrac{\Box}{\Box}$

❷ かけ算をして,問題を解きましょう。

① $7 \times \dfrac{2}{9} =$

② $4 \times \dfrac{3}{10} =$

③ $\dfrac{7}{8} \times 3 =$

④ $\dfrac{7}{15} \times 5 =$

⑤ $1\dfrac{1}{2} \times \dfrac{5}{6} =$

⑥ $3\dfrac{3}{7} \times 1\dfrac{5}{6} =$

❸ 自分で整数と分数のかけ算の問題を作って,2人に解いてもらい,正解したらサインをもらいましょう。

✎友だちのサイン | | |

分数のかけ算 ④

組　　番　氏名

GOAL

全員がかける数と積の大きさの関係が分かり，計算できる。

❶ □に当てはまる不等号を書きましょう。

① $7 \times 1\dfrac{3}{4} \square 7$　　② $\dfrac{3}{5} \times \dfrac{5}{8} \square \dfrac{3}{5}$

❷ 分数の計算をして，問題を解きましょう。

① $\dfrac{2}{9} \times \dfrac{3}{4} \times \dfrac{5}{8} =$

② $\dfrac{5}{7} \times \dfrac{1}{6} \times \dfrac{4}{15} =$

③ $\dfrac{3}{8} \times \dfrac{5}{6} \times \dfrac{2}{5} =$

④ $\dfrac{9}{16} \times \dfrac{8}{21} \times \dfrac{7}{10} =$

⑤ $\dfrac{7}{10} \times 6 \times 1\dfrac{1}{9} =$

⑥ $2\dfrac{1}{4} \times 20 \times \dfrac{4}{5} =$

分数のかけ算 5

_____組_____番 氏名_____

GOAL
全員が分数で面積や体積を求めることができる。

❶ 下の長方形の面積を求めましょう。

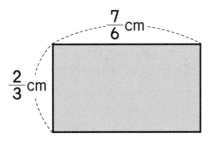

[式]_____

[答え]_____

❷ 下の図形の面積，立体の体積をそれぞれ求めましょう。

①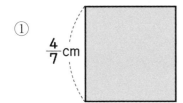

[式]_____

[答え]_____

②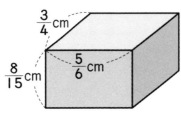

[式]_____

[答え]_____

❸ 分数で面積，体積を求める問題を自分で作って，3人に解いてもらい，正解したらサインをもらいましょう。

友だちのサイン

分数のかけ算 6

組　　番　氏名

GOAL
全員が分数の計算のきまりを分かって計算することができる。

❶ □に当てはまる数を書きましょう。

① $\left(\dfrac{1}{14} \times \dfrac{5}{3}\right) \times \dfrac{21}{5} = \dfrac{1}{14} \times \left(\dfrac{\Box}{\Box} \times \dfrac{21}{5}\right)$

② $\dfrac{3}{8} \times \dfrac{3}{7} + \dfrac{3}{8} \times \dfrac{4}{7} = \dfrac{\Box}{\Box} \times \left(\dfrac{3}{7} + \dfrac{4}{7}\right)$

❷ 工夫して計算しましょう。

① $\left(\dfrac{7}{8} \times \dfrac{5}{4}\right) \times \dfrac{4}{5} =$

② $\left(\dfrac{3}{14} + \dfrac{5}{7}\right) \times 14 =$

❸ 下の問題を計算しましょう。またどんな工夫をして計算したかを3人に説明し、なっ得してもらえたらサインをもらいましょう。

$\dfrac{2}{9} \times \dfrac{10}{11} + \dfrac{7}{9} \times \dfrac{10}{11} =$

✏️友だちのサイン

分数のかけ算 7

___組___番 氏名_____

GOAL
全員が逆数の意味が分かり，逆数を求めることができる。

❶ 逆数について例を使って，3人に説明し，なっ得してもらえたらサインをもらいましょう。

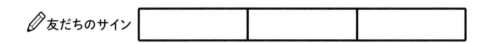
友だちのサイン

❷ 次の数の逆数を求めましょう。

① $\frac{3}{8}$ (　　)　　② $\frac{2}{3}$ (　　)　　③ $\frac{1}{6}$ (　　)

④ $\frac{12}{7}$ (　　)　　⑤ 2 (　　)　　⑥ 0.7 (　　)

⑦ 0.09 (　　)

分数のかけ算 8

___組___番 氏名_____

GOAL
全員が分数のかけ算の文章問題を解くことができる。

❶ 1L の重さが $\frac{9}{10}$ kg の油があります。この油が $\frac{3}{5}$ L のとき，重さは何 kg ですか。

[式]_____

[答え]_____

❷ 米 1kg の中には，でんぷんが約 $\frac{3}{4}$ kg ふくまれています。
米 $3\frac{1}{3}$ kg にはおよそ何 kg のでんぷんがふくまれていますか。

[式]_____

[答え]_____

❸ たてが $\frac{2}{7}$ m，横が $\frac{7}{12}$ m，高さが $\frac{3}{8}$ m の直方体があります。
この直方体の体積は何 m³ ですか。

[式]_____

[答え]_____

課題5 分数のわり算

	めあて（GOAL）	課題
1	全員が(分数)÷(分数)の計算を分かり、できるようになる。	❶ 分数÷分数の計算のやり方を「逆数」という言葉を使って、3人に説明し、なっ得してもらえたらサインをもらいましょう。 ❷ わり算の計算をしましょう。
2	全員が(分数)÷(分数)の計算で約分ができるようになる。	❶ □に当てはまる数を書きましょう。 ❷ わり算の計算をしましょう。
3	全員が(整数)÷(分数)の計算, (分数)÷(整数)ができるようになる。	❶ 下の①、②の問題を解いて、どのように解いたかを2人に説明し、なっ得してもらえたらサインをもらいましょう。 ❷ わり算をしましょう。
4	全員がわる数と商の大きさの関係が分かり、計算できる。	❶ ① $1\frac{2}{5}$ m のねだんが28円の赤いリボンと、$\frac{4}{5}$ m のねだんが28円の青いリボンがあります。1mのねだんは何円ですか。またどのように1mのねだんを求めたか3人に説明し、なっ得してもらえたらサインをもらいましょう。 ② 商がわられる数の28より大きくなるのはどちらですか。 ❷ □に当てはまる等号や不等号を書きましょう。
5	全員がかけ算とわり算のまじった分数を計算できる。	❶ 下の問題を解きましょう。そして、どうやって解いたかを3人に説明し、なっ得してもらえたらサインをもらいましょう。 ❷ 計算をしましょう。
6	全員が分数、小数、整数のまじった計算ができる。	❶ 下の問題を解きましょう。そして、どうやって解いたかを3人に説明し、なっ得してもらえたらサインをもらいましょう。 ❷ 小数や整数を分数で表して計算しましょう。

7	全員が場面から，わり算の式を作って答えを求めることができる。	❶ $\frac{8}{5}$ ㎡の重さが $\frac{5}{6}$ kg の板があります。この場面から①，②の問題を解きましょう。 ① この板 1㎡の重さは何 kg ですか。 ② この板 1kg の面積は何㎡ですか。 ❷ ❶の問題を例にして，自分で問題を作りましょう。作った問題を 3 人に解いてもらい，正解したらサインをもらいましょう。
8	全員が分数の倍や商や積を使って答えを求めることができる。	❶ 赤，青，緑の 3 本のヒモがあります。赤のヒモの長さは $\frac{2}{3}$ m，青のヒモの長さは $\frac{14}{9}$ m，緑のヒモの長さは $\frac{3}{7}$ m です。 ① 青のヒモの長さは，赤のヒモの長さの何倍ですか。 ② 緑のヒモの長さは，赤のヒモの長さの何倍ですか。 ❷ だいきさんの体重は 36kg で，お父さんの体重はだいきさんの $\frac{7}{4}$ 倍，妹の体重はだいきさんの $\frac{5}{6}$ 倍です。 ① お父さんの体重は何 kg ですか。 ② 妹の体重は何 kg ですか。
9	全員がもととなる数の大きさを求めることができる。	❶ ゆみさんは，540 円の筆箱を買いました。この筆箱のねだんは，コンパスのねだんの $\frac{9}{5}$ 倍です。 ① コンパスのねだんを x 円として，コンパスのねだんと筆箱のねだんの関係をかけ算の式にして表しましょう。 ② コンパスのねだんは何円ですか。x に当てはまる数を求めて答えましょう。 ❷ ひろきさんは，120 円のメロンパンを買いました。このメロンパンのねだんは，食パンのねだんの $\frac{3}{7}$ 倍です。食パンのねだんは何円ですか。 ❸ 自分で「もとにする大きさ」を求める問題を作って，2 人に解いてもらい，正解したらサインをもらいましょう。

分数のわり算 1

____組____番 氏名_____

GOAL
全員が(分数)÷(分数)の計算を分かり，できるようになる。

❶ 分数÷分数の計算のやり方を「逆数」という言葉を使って，3人に説明し，なっ得してもらえたらサインをもらいましょう。

✏️友だちのサイン

❷ わり算の計算をしましょう。

① $\dfrac{2}{9} \div \dfrac{3}{4} =$　　　　② $\dfrac{1}{7} \div \dfrac{5}{6} =$

③ $\dfrac{5}{8} \div \dfrac{2}{3} =$　　　　④ $\dfrac{3}{10} \div \dfrac{2}{3} =$

⑤ $\dfrac{6}{7} \div \dfrac{5}{3} =$　　　　⑥ $\dfrac{4}{5} \div \dfrac{7}{6} =$

⑦ $\dfrac{5}{4} \div \dfrac{8}{9} =$　　　　⑧ $\dfrac{9}{5} \div \dfrac{4}{3} =$

分数のわり算 2

組　　　番　氏名

GOAL
全員が(分数)÷(分数)の計算で約分ができるようになる。

❶ □に当てはまる数を書きましょう。

と中で約分して計算するとかんたんだね。

$$\frac{3}{7} \div \frac{3}{4} = \frac{3 \times \square}{7 \times \square} = \frac{\square}{\square}$$

❷ わり算の計算をしましょう。

① $\frac{3}{8} \div \frac{6}{7} =$　　　② $\frac{3}{10} \div \frac{5}{8} =$

③ $\frac{5}{12} \div \frac{2}{9} =$　　　④ $\frac{4}{9} \div \frac{11}{6} =$

⑤ $\frac{7}{10} \div \frac{7}{8} =$　　　⑥ $\frac{4}{15} \div \frac{10}{9} =$

⑦ $\frac{7}{12} \div \frac{14}{15} =$　　　⑧ $\frac{3}{100} \div \frac{6}{25} =$

分数のわり算 3

_____組_____番 氏名_____

GOAL
全員が(整数)÷(分数)の計算, (分数)÷(整数)ができるようになる。

❶ 下の①, ②の問題を解いて, どのように解いたかを2人に説明し, なっ得してもらえたらサインをもらいましょう。

① $6 \div \dfrac{5}{8}$

② $\dfrac{3}{4} \div 1\dfrac{2}{5}$

✎ 友だちのサイン

❷ わり算をしましょう。

① $5 \div \dfrac{3}{7} =$

② $10 \div \dfrac{14}{9} =$

③ $\dfrac{3}{4} \div 8 =$

④ $\dfrac{8}{5} \div 6 =$

⑤ $\dfrac{5}{6} \div 3\dfrac{1}{2} =$

⑥ $2\dfrac{2}{3} \div \dfrac{4}{7} =$

⑦ $1\dfrac{1}{5} \div 1\dfrac{3}{8} =$

⑧ $1\dfrac{5}{12} \div 2\dfrac{5}{6} =$

分数のわり算 ❹

____組____番 氏名_____

🥇GOAL
全員がわる数と商の大きさの関係が分かり，計算できる。

❶ ① $1\frac{2}{5}$ m のねだんが 28 円の赤いリボンと，$\frac{4}{5}$ m のねだんが 28 円の青いリボンがあります。1m のねだんは何円ですか。またどのように 1m のねだんを求めたか 3 人に説明し，なっ得してもらえたらサインをもらいましょう。

✏️友だちのサイン ☐ ☐ ☐

○赤いリボンについて

○青いリボンについて

② 商がわられる数の 28 より大きくなるのはどちらですか。

[答え]_____

❷ ☐に当てはまる等号や不等号を書きましょう。

わる数＜1のとき…商☐わられる数
わる数＝1のとき…商☐わられる数
わる数＞1のとき…商☐わられる数

① $7 \div \frac{2}{3}$ ☐ 7

② $9 \div 1\frac{1}{6}$ ☐ 9

③ $\frac{4}{5} \div 1$ ☐ $\frac{4}{5}$

④ $\frac{3}{8} \div \frac{7}{9}$ ☐ $\frac{3}{8}$

分数のわり算 5

____組____番 氏名_____

GOAL
全員がかけ算とわり算のまじった分数を計算できる。

❶ 下の問題を解きましょう。そして、どうやって解いたかを3人に説明し、なっ得してもらえたらサインをもらいましょう。

$\dfrac{1}{3} \div \dfrac{5}{6} \times \dfrac{5}{9}$

✎友だちのサイン

❷ 計算をしましょう。

① $\dfrac{8}{9} \times \dfrac{1}{4} \div \dfrac{5}{6} =$

② $\dfrac{4}{5} \times \dfrac{1}{2} \div \dfrac{9}{10} =$

③ $\dfrac{14}{9} \times 6 \div \dfrac{7}{5} =$

④ $\dfrac{7}{8} \div 14 \times \dfrac{10}{11} =$

⑤ $\dfrac{9}{10} \div \dfrac{3}{4} \times \dfrac{5}{8} =$

⑥ $\dfrac{8}{7} \div 4 \div \dfrac{5}{2} =$

⑦ $\dfrac{5}{6} \div \dfrac{1}{4} \div \dfrac{4}{9} =$

⑧ $\dfrac{10}{7} \div \dfrac{8}{3} \div \dfrac{15}{14} =$

分数のわり算 6

___組___番 氏名_____

GOAL
全員が分数，小数，整数のまじった計算ができる。

❶ 下の問題を解きましょう。そして，どうやって解いたかを3人に説明し，なっ得してもらえたらサインをもらいましょう。

$2 \times \dfrac{6}{7} \div 0.3$

✎ 友だちのサイン

❷ 小数や整数を分数で表して計算しましょう。

① $0.7 \div \dfrac{7}{8} =$

② $\dfrac{7}{9} \div 2 \div 2.1 =$

③ $0.39 \times 7 \div 9.1 =$

④ $7.2 \div 5 \div 0.36 =$

分数のわり算 7

_____組_____番 氏名_____

GOAL
全員が場面から，わり算の式を作って答えを求めることができる。

❶ $\frac{8}{5}$ ㎡の重さが $\frac{5}{6}$ kg の板があります。この場面から①，②の問題を解きましょう。

① この板 1㎡の重さは何 kg ですか。

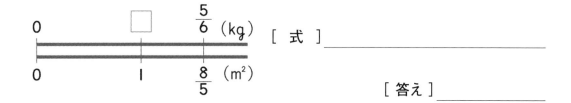

[式]_____

[答え]_____

② この板 1kg の面積は何㎡ですか。

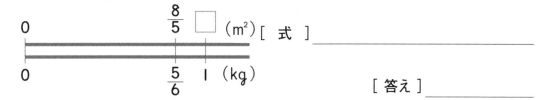

[式]_____

[答え]_____

❷ ❶の問題を例にして，自分で問題を作りましょう。作った問題を 3 人に解いてもらい，正解したらサインをもらいましょう。

[問題]_____

[式]_____

[答え]_____

✏友だちのサイン

分数のわり算 8

_____組_____番 氏名_____

GOAL
全員が分数の倍や商や積を使って答えを求めることができる。

❶ 赤, 青, 緑の 3 本のヒモがあります。赤のヒモの長さは $\frac{2}{3}$ m, 青のヒモの長さは $\frac{14}{9}$ m, 緑のヒモの長さは $\frac{3}{7}$ m です。

① 青のヒモの長さは, 赤のヒモの長さの何倍ですか。

[式]_____

[答え]_____

② 緑のヒモの長さは, 赤のヒモの長さの何倍ですか。

[式]_____

[答え]_____

❷ だいきさんの体重は 36kg で, お父さんの体重はだいきさんの $\frac{7}{4}$ 倍, 妹の体重はだいきさんの $\frac{5}{6}$ 倍です。

① お父さんの体重は何 kg ですか。

[式]_____

[答え]_____

② 妹の体重は何 kg ですか。

[式]_____

[答え]_____

分数のわり算 9

_____組_____番 氏名_____

GOAL
全員がもととなる数の大きさを求めることができる。

❶ ゆみさんは，540円の筆箱を買いました。この筆箱のねだんは，コンパスのねだんの $\frac{9}{5}$ 倍です。

① コンパスのねだんを x 円として，コンパスのねだんと筆箱のねだんの関係をかけ算の式にして表しましょう。
[式]_____

② コンパスのねだんは何円ですか。x に当てはまる数を求めて答えましょう。

[式]_____
[答え]_____

❷ ひろきさんは，120円のメロンパンを買いました。このメロンパンのねだんは，食パンのねだんの $\frac{3}{7}$ 倍です。食パンのねだんは何円ですか。

[式]_____
[答え]_____

❸ 自分で「もとにする大きさ」を求める問題を作って，2人に解いてもらい，正解したらサインをもらいましょう。

[問題]_____

[式]_____
[答え]_____

友だちのサイン

課題6 立体の体積

	めあて（GOAL）	課題
1	全員が角柱の体積の求め方を説明することができる。	❶ 下の三角柱の体積を求めましょう。またどうやって求めたかを3人に説明し，なっ得してもらえたらサインをもらいましょう。 ❷ 三角柱の体積を求める問題を作って，2人に解いてもらい，正解したらサインをもらいましょう。
2	全員が角柱の体積を求めることができる。	❶ 角柱の体積を求めましょう。
3	全員が円柱やいろいろな立体の体積の求め方を説明することができる。	❶ 円柱の体積の求め方を，図を用いて3人に説明し，なっ得してもらえたらサインをもらいましょう。 ❷ 下の円柱の体積を求めましょう。
4	全員が円柱やいろいろな立体の体積を求めることができる。	❶ 次の立体の体積を求めましょう。
5	全員がおよその面積を求めることができる。	❶ 下の図のような公園のおよその面積を求めましょう。またどうやって求めたかを3人に説明し，なっ得してもらえたらサインをもらいましょう。 ❷ 下のドームのおよその面積を求めましょう。

立体の体積 1

　　　　　　　　　　　組　　　番　氏名＿＿＿＿＿＿＿＿＿

GOAL
全員が角柱の体積の求め方を説明することができる。

❶ 下の三角柱の体積を求めましょう。またどうやって求めたかを3人に説明し，なっ得してもらえたらサインをもらいましょう。

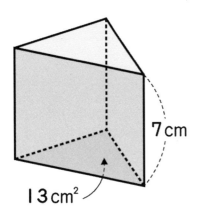

✏️友だちのサイン | | | |

❷ 三角柱の体積を求める問題を作って，2人に解いてもらい，正解したらサインをもらいましょう。

[問題]＿＿＿＿＿＿＿＿＿＿＿＿＿＿＿＿＿＿＿＿＿＿＿＿

[式]＿＿＿＿＿＿＿＿＿＿＿＿＿　[答え]＿＿＿＿＿

✏️友だちのサイン | | |

立体の体積 2

___組___番 氏名_____

🏅GOAL
全員が角柱の体積を求めることができる。

❶ 角柱の体積を求めましょう。

①
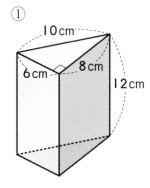

[式]_____

[答え]_____

②
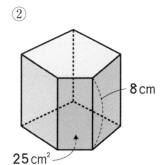

[式]_____

[答え]_____

③

[式]_____

[答え]_____

立体の体積 ❸

　　　　　　　　　　　　　　　　組　　　番　氏名　　　　　　　　　　

🥇GOAL
全員が円柱やいろいろな立体の体積の求め方を説明することができる。

❶ 円柱の体積の求め方を，図を用いて3人に説明し，なっ得してもらえたらサインをもらいましょう。

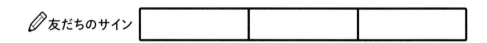
友だちのサイン

❷ 下の円柱の体積を求めましょう。

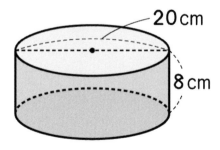

[式]

[答え]

立体の体積 4

____組____番 氏名_____

GOAL
全員が円柱やいろいろな立体の体積を求めることができる。

❶ 次の立体の体積を求めましょう。

①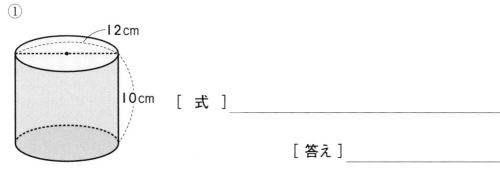

[式]_____

[答え]_____

②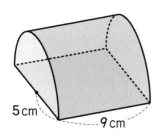

[式]_____

[答え]_____

③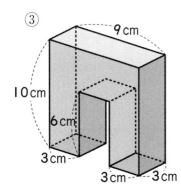

[式]_____

[答え]_____

立体の体積 5

_____組_____番 氏名_____

🥇GOAL
全員がおよその面積を求めることができる。

❶ 下の図のような公園のおよその面積を求めましょう。またどうやって求めたかを3人に説明し，なっ得してもらえたらサインをもらいましょう。

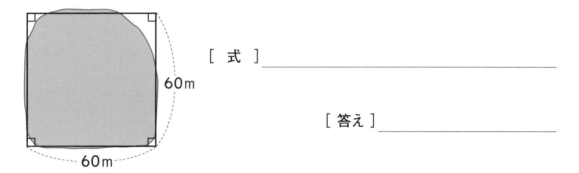

[式]_____

[答え]_____

✎友だちのサイン | | | |

❷ 下のドームのおよその面積を求めましょう。

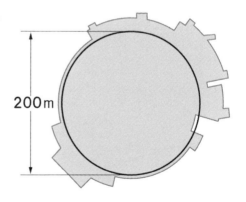

[式]_____

[答え]_____

課題7 比とその応用

	めあて（GOAL）	課題
1	全員が割合を比で表すことができる。	❶「比」という言葉を「割合」という言葉を使って3人に説明し，なっ得してもらえたらサインをもらいましょう。 ❷ みかんが3個，りんごが5個あります。 みかんとりんごの個数の割合を比で表して，その比の値を求めましょう。そしてどのようにして求めたかを3人に説明し，なっ得してもらえたらサインをもらいましょう。
2	全員が比の値を求めることができる。	❶ 次の比の値を求めましょう。 ❷ 次の比と等しい比を下の□から選んで書きましょう。
3	全員が等しい比の性質が分かり，比をかんたんにすることができる。	❶ 下に示す①，②のそれぞれ2つの比は等しい比です。これがどうして等しい比であるかを3人に説明し，なっ得してもらえたらサインをもらいましょう。 ❷ 次の比と等しい比を2つずつ書きましょう。 ❸ 次の比をかんたんにしましょう。
4	全員が比の関係を使って，一方の量を求めることができる。	❶ 次の式でxの表す数を求めましょう。またどうやって求めたかを3人に説明し，なっ得してもらえたらサインをもらいましょう。 ❷ 次の式で，xを表す数を求めましょう。 ❸ たてと横の長さの比が5:7の長方形があります。横の長さは56cmです。たての長さは何cmですか。 ❹ コーヒー牛乳を800mL作ります。コーヒーと牛乳を2:3の割合で混ぜるとき，牛乳は何mL必要ですか。

比とその応用 1

_____組_____番 氏名_____

🏅 GOAL

全員が割合を比で表すことができる。

❶ 「比」という言葉を「割合」という言葉を使って3人に説明し、なっ得してもらえたらサインをもらいましょう。

✏️ 友だちのサイン

❷ みかんが3個、りんごが5個あります。

みかんとりんごの個数の割合を比で表して、その比の値を求めましょう。そしてどのようにして求めたかを3人に説明し、なっ得してもらえたらサインをもらいましょう。

みかん3個　　りんご5個

✏️ 友だちのサイン

比とその応用 2

_____組_____番 氏名_____

GOAL
全員が比の値を求めることができる。

❶ 次の比の値を求めましょう。

① 1 : 3

② 2 : 9

③ 8 : 17

④ 18 : 24

⑤ 21 : 15

⑥ 16 : 12

❷ 次の比と等しい比を下の□から選んで書きましょう。

① 2 : 5

② 12 : 28

[答え]_____

[答え]_____

```
        6 : 14     9 : 15     18 : 48     10 : 25
```

比とその応用 3

＿＿＿組＿＿＿番　氏名＿＿＿＿＿＿＿＿＿＿

🥇 GOAL
全員が等しい比の性質が分かり，比をかんたんにすることができる。

❶ 下に示す①，②のそれぞれ2つの比は等しい比です。
これがどうして等しい比であるかを3人に説明し，なっ得してもらえたらサインをもらいましょう。

①「1：2」と「9：18」　　　　　②「20：15」と「4：3」

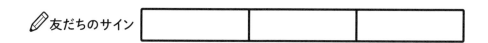
友だちのサイン

❷ 次の比と等しい比を2つずつ書きましょう。

① 6：10　　　　　　　　　　　（　　　　　　　　　　　　）

② 12：15　　　　　　　　　　（　　　　　　　　　　　　）

❸ 次の比をかんたんにしましょう。

① 12：18　　　　　　　　　② 56：21

③ 1.4：3.5　　　　　　　　④ $\dfrac{4}{9} : \dfrac{4}{15}$

比とその応用 4

_____組_____番 氏名_____

GOAL
全員が比の関係を使って，一方の量を求めることができる。

❶ 次の式で x の表す数を求めましょう。またどうやって求めたかを 3 人に説明し，なっ得してもらえたらサインをもらいましょう。

① $2:3 = x:9$ ② $28:49 = 4:x$

✎ 友だちのサイン

❷ 次の式で，x を表す数を求めましょう。

① $9:8 = 45:x$ ② $30:7.5 = x:2.5$

❸ たてと横の長さの比が 5:7 の長方形があります。横の長さは 56cm です。たての長さは何cmですか。

[式]_____   [答え]_____

❹ コーヒー牛乳を 800mL 作ります。コーヒーと牛乳を 2:3 の割合で混ぜるとき，牛乳は何 mL 必要ですか。

[式]_____   [答え]_____

課題8 拡大図と縮図

	めあて（GOAL）	課題
1	全員が拡大図と縮図の性質が分かる①。	❶ 下の図を見て，次の問題に答えましょう。そしてなぜその答えになるかを3人に説明し，なっ得してもらえたらサインをもらいましょう。 ① ㋐の三角形の拡大図はどれですか。それは，何倍の拡大図ですか。 ② ㋐の三角形の縮図はどれですか。それは，何分の一の縮図ですか。
2	全員が拡大図と縮図の性質が分かる②。	❶ 下の図の四角形 EFGH は，四角形 ABCD の $\frac{1}{2}$ の縮図です。 ① 辺 CD に対応する辺はどれですか。 ② 辺 BC は何cmですか。 ③ 角 H に対応する角はどれですか。 ④ 角 F の大きさは何度ですか。 ❷ 拡大図または縮図の問題を作って，3人に解いてもらったらサインをもらいましょう。
3	全員が拡大図や縮図をかくことができる①。	❶ 下の三角形 ABC を2倍に拡大した三角形 DEF をかきましょう。また，どのようにかいたかを3人に説明し，なっ得してもらえたらサインをもらいましょう。 ❷ 下の三角形 ABC の $\frac{1}{2}$ の縮図をかきましょう。また，どのようにかいたかを3人に説明し，なっ得してもらえたらサインをもらいましょう。

4	全員が拡大図や縮図をかくことができる②。	❶ 頂点 A を中心として，四角形 ABCD の拡大図と縮図をかきましょう。 ① 2 倍の拡大図 ② $\frac{1}{3}$ の縮図 ❷ 下の三角形 ABC の $\frac{1}{3}$ の縮図をかきましょう。また，どのようにかいたかを 3 人に説明し，なっ得してもらえたらサインをもらいましょう。
5	全員が縮図を利用して，実際の長さを求めることができる。	❶ 下の図は，ある公園の縮図です。 ① 公園の実際の横の長さ 20m を 5cm に縮めて表しています。この縮図の縮尺を，分数と比で表しましょう。 ② 実際の公園の AB のきょりは何 m ですか。 ❷ 下の図は，ゆみさんが木から 50m はなれたところに立って，木の上はし A を見上げている様子を表したものです。この木の実際の高さを，縮図を利用して求めましょう。 ① 直角三角形 ABC の $\frac{1}{1000}$ の縮図をかきましょう。 ② 実際の木の高さは何 m ですか。

拡大図と縮図 ❶

___組___番 氏名_____

GOAL
全員が拡大図と縮図の性質が分かる①。

❶ 下の図を見て，次の問題に答えましょう。そしてなぜその答えになるかを3人に説明し，なっ得してもらえたらサインをもらいましょう。

① ⑦の三角形の拡大図はどれですか。　　（　　　　　　　　　　　）

それは，何倍の拡大図ですか。　　（　　　　　　　　　　　）

② ⑦の三角形の縮図はどれですか。　　（　　　　　　　　　　　）

それは，何分の一の縮図ですか。　　（　　　　　　　　　　　）

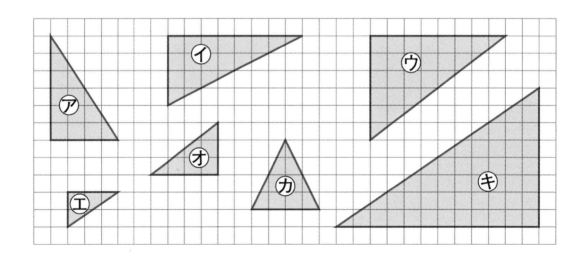

✎友だちのサイン

拡大図と縮図 2

___組 ___番 氏名_____

GOAL

全員が拡大図と縮図の性質が分かる②。

❶ 下の図の四角形 EFGH は，四角形 ABCD の $\frac{1}{2}$ の縮図です。

① 辺 CD に対応する辺はどれですか。

( )

② 辺 BC は何 cm ですか。

( )

③ 角 H に対応する角はどれですか。

( )

④ 角 F の大きさは何度ですか。

( )

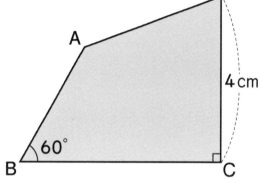

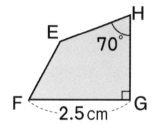

❷ 拡大図または縮図の問題を作って，3人に解いてもらったらサインをもらいましょう。

✎ 友だちのサイン

拡大図と縮図 ３

_____組_____番　氏名_____

GOAL
全員が拡大図や縮図をかくことができる①。

❶ 下の三角形 ABC を 2 倍に拡大した三角形 DEF をかきましょう。また，どのようにかいたかを 3 人に説明し，なっ得してもらえたらサインをもらいましょう。

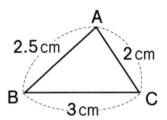

📝友だちのサイン　|　|　|　|

❷ 下の三角形 ABC の $\frac{1}{2}$ の縮図，三角形 DEF をかきましょう。また，どのようにかいたかを 3 人に説明し，なっ得してもらえたらサインをもらいましょう。

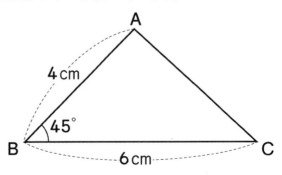

📝友だちのサイン　|　|　|　|

拡大図と縮図 4

___組 ___番 氏名_____

GOAL
全員が拡大図や縮図をかくことができる②。

❶ 頂点 A を中心として，四角形 ABCD の拡大図と縮図をかきましょう。

① 2 倍の拡大図

② $\frac{1}{3}$ の縮図

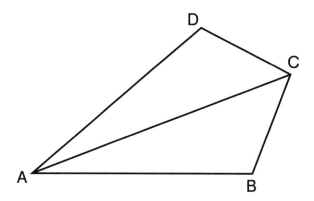

❷ 下の三角形 ABC の $\frac{1}{3}$ の縮図をかきましょう。また，どのようにかいたかを 3 人に説明し，なっ得してもらえたらサインをもらいましょう。

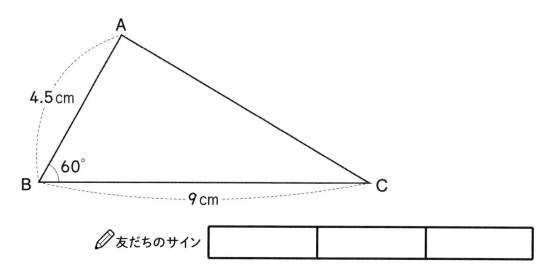

友だちのサイン | | |

拡大図と縮図 5

____組____番 氏名_____

GOAL
全員が縮図を利用して，実際の長さを求めることができる。

❶ 下の図は，ある公園の縮図です。

① 公園の実際の横の長さ20mを5cmに縮めて表しています。この縮図の縮尺を，分数と比で表しましょう。

・分数 （　　　　　　　）

・比　 （　　　　　　　）

② 実際の公園のABのきょりは何mですか。

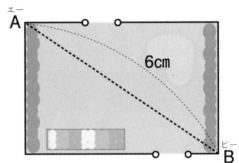

（　　　　　　　）

❷ 下の図は，ゆみさんが木から50mはなれたところに立って，木の上はしAを見上げている様子を表したものです。この木の実際の高さを，縮図を利用して求めましょう。

① 直角三角形ABCの $\frac{1}{1000}$ の縮図をかきましょう。

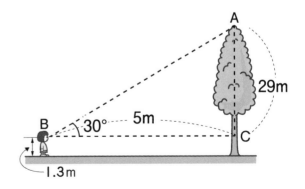

② 実際の木の高さは何mですか。

（　　　　　　　）

課題9 速さ

	めあて（GOAL）	課題
1	全員が速さの求め方や表し方が分かる。	❶ 速さはどうすれば求めることができるか，「時間」，「道のり」という言葉を使って3人に説明し，なっ得してもらえたらサインをもらいましょう。 ❷ 次の速さを求めましょう。 　① 2700mのきょりを15分間で走る自転車の分速 　② 2880kmのきょりを，3時間で飛ぶ飛行機の時速 　③ 2880kmのきょりを，3時間で飛ぶ飛行機の分速
2	全員が速さと時間から，道のりを求めることができる。	❶ □に当てはまる言葉や数を書きましょう。 　① 道のり＝□×□ 　② 時速35kmで走る自動車が3時間に進む道のりは何kmですか。 ❷ 次の道のりを求めましょう。 　① 分速68mで歩く人が，25分間に進む道のりは何mですか。 　② 秒速340mで伝わる音が，8秒間に進むきょりは何mですか。 　③ 分速200mの自転車が，2時間に進む道のりは何kmですか。
3	全員が速さと道のりから，時間を求めることができる。	❶ 分速600mのバイクが，4.8km進むのにかかる時間を「x」として求めましょう。求めたら2人に求め方を説明し，なっ得してもらえたらサインをもらいましょう。 ❷ 下の問題を解きましょう。 　① さやかさんは，分速150mで1周3kmのジョギングコースを走ります。1周するのに何分かかりますか。 　② 時速45kmで走る自転車が，105kmの道のりを走りました。かかった時間は何時間何分ですか。
4	全員が速さが同じとき，道のりは時間に比例することが分かる。	❶ 分速4kmで走る新幹線があります。 　① 走った時間をx分，進んだ道のりを$y$kmとして，道のりを求める式を書きましょう。 　② xが1，2，3，・・・6と変わると，yはそれぞれいくつになりますか。下の表の空らんに当てはまる数を書きましょう。 　③ 進んだ道のりは，走った時間とどんな関係にありますか。また，そのように考えたわけを3人に説明し，なっ得してもらえたらサインをもらいましょう。 　④ 走った時間が30分のときに進んだ道のりは，走った時間が10分のときの進んだ道のりの何倍ですか。

5	全員が作業する速さを比べることができる。	❶ Aの機械は1時間に4200枚，Bの機械は8分間に480枚印刷できます。速く印刷できるのはどちらの機械か確かめましょう。また，どうしてそちらの機械のほうが速く印刷できると決めたかを3人に説明し，なっ得してもらえたらサインをもらいましょう。 ❷ Aのトラクターは2時間で9000㎡，Bのトラクターは3時間で12000㎡耕すことができる。速く耕すことができるのは，どちらのトラクターですか。

速さ 1

___組 ___番 氏名_____

GOAL
全員が速さの求め方や表し方が分かる。

❶ 速さはどうすれば求めることができるか，「時間」，「道のり」という言葉を使って3人に説明し，なっ得してもらえたらサインをもらいましょう。

友だちのサイン

❷ 次の速さを求めましょう。

① 2700mのきょりを15分間で走る自転車の分速

[式] _____

[答え] _____

② 2880kmのきょりを，3時間で飛ぶ飛行機の時速

[式] _____

[答え] _____

③ 2880kmのきょりを，3時間で飛ぶ飛行機の分速

[式] _____

[答え] _____

速さ 2

___組___番 氏名_____

GOAL
全員が速さと時間から，道のりを求めることができる。

❶ □に当てはまる言葉や数を書きましょう。

① 道のり＝ □ × □

② 時速35kmで走る自動車が3時間に進む道のりは何kmですか。

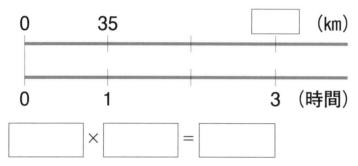

□ × □ ＝ □

❷ 次の道のりを求めましょう。

① 分速68mで歩く人が，25分間に進む道のりは何mですか。

[式]_____

[答え]_____

② 秒速340mで伝わる音が，8秒間に進むきょりは何mですか。

[式]_____

[答え]_____

③ 分速200mの自転車が，2時間に進む道のりは何kmですか。

[式]_____

[答え]_____

速さ 3

組　　番　氏名_____

GOAL
全員が速さと道のりから，時間を求めることができる。

❶ 分速 600m のバイクが，4.8km進むのにかかる時間を「x」として求めましょう。求めたら 2 人に求め方を説明し，なっ得してもらえたらサインをもらいましょう。

[式]_____

[答え]_____

✎友だちのサイン

❷ 下の問題を解きましょう。

① さやかさんは，分速 150m で 1 周 3km のジョギングコースを走ります。1 周するのに何分かかりますか。

[式]_____

[答え]_____

② 時速 45km で走る自転車が，105km の道のりを走りました。かかった時間は何時間何分ですか。

[式]_____

[答え]_____

速さ ４

_____組_____番 氏名_____

🥇GOAL
全員が速さが同じとき，道のりは時間に比例することが分かる。

❶ 分速 4kmで走る新幹線があります。

① 走った時間を x 分，進んだ道のりを y kmとして，道のりを求める式を書きましょう。

[式] _____

② x が 1, 2, 3,・・・6 と変わると，y はそれぞれいくつになりますか。下の表の空らんに当てはまる数を書きましょう。

走った時間 x (分)	1	2	3	4	5	6
進んだ道のり y (km)	4	8	12			

③ 進んだ道のりは，走った時間とどんな関係にありますか。また，そのように考えたわけを 3 人に説明し，なっ得してもらえたらサインをもらいましょう。

✏️友だちのサイン

④ 走った時間が 30 分のときに進んだ道のりは，走った時間が 10 分のときの進んだ道のりの何倍ですか。

[答え] _____

速さ ⑤

　　　　　　　　　　　　　組　　　番　氏名

🏅GOAL
全員が作業する速さを比べることができる。

❶ Aの機械は1時間に4200枚, Bの機械は8分間に480枚印刷できます。速く印刷できるのはどちらの機械か確かめましょう。また, どうしてそちらの機械のほうが速く印刷できると決めたかを3人に説明し, なっ得してもらえたらサインをもらいましょう。

　　・AとBどちらが速く印刷できますか。速く印刷できると思うほうに○をつけましょう。

$$A \quad B$$

その理由を下に書きましょう。

✏️友だちのサイン

❷ Aのトラクターは2時間で9000㎡, Bのトラクターは3時間で12000㎡耕すことができます。速く耕すことができるのは, どちらのトラクターですか。

[式]　　　　　　　　　　　　　　　　　　　　

　　　　[答え]

課題10 比例　反比例

	めあて（GOAL）	課題
1	全員が比例の関係を，式に表して説明することができる。	❶ 下の表は，1枚の重さが1gの1円玉の，枚数と重さを表したものです。（　）に当てはまる数字を書きましょう。 ❷ ❶のやり方を下の空らんに書きましょう。 ❸ （　）に当てはまる言葉を書きましょう。 　yがxに比例する場合，yの値を対応しているxでわり算をすると商は（　　）になる。これはどのたての列を見ても（　　　　　）である。 ❹ ❶の表をxとyの式で表すとどうなりますか。 ❺ 比例の関係を式で表すと，どのような式になりますか。❶〜❹を見て考えましょう。「定まった数」，「x」，「y」の3つの言葉で表し，式を作って3人に説明し，なっ得してもらえたらサインをもらいましょう。
2	全員が比例の性質はどうなっているのかを説明することができる。	下の表は家にある100円玉の，枚数と厚さを表にしたものです。 ❶ ㋐，㋑に当てはまる数を書きましょう。 ❷ yをxの式で表しましょう。 ❸ 比例の性質を，「x」，「y」，「2倍」，「3倍」という言葉を使って空らんに書き，3人に説明し，なっ得してもらえたらサインをもらいましょう。 ❹ 上の表で枚数が1000枚の場合の高さは何cmになりますか。式と答えを書きましょう。
3	全員が小数の場合でも比例の関係が成り立つことを説明することができる。	❶ 下の表は円周率が3.14の円の直径と円周の長さを表したものです。式を書きましょう。 ❷ ❶の表を見て，「x」，「y」，「小数」，という言葉を使って「比例は成立する」という文末で比例の性質を述べなさい。また，自分で小数の比例の表と式を2つ作成し3人に説明し，なっ得してもらえたらサインをもらいましょう。

4	全員が分数の場合でも比例の関係が成り立つ理由を説明することができる。	下の表は底辺が3cmの三角形の高さと面積を表したものです。 ❶ yをxの式で表しましょう。 ❷ ㋐〜㋒に当てはまる数を書きましょう。 ❸ ❶，❷を参考にして，分数でも比例の関係が成り立つ理由を「x」，「y」，「$\frac{1}{2}$倍」という言葉を使って空らんに書きましょう。また，分数で比例が成り立つ例を2つ以上挙げて3人以上に説明し，なっ得してもらえたらサインをもらいましょう。
5	全員が比例と比例ではないものの区別ができるようになる。	❶ 下の表は時速40kmで走る車の速さと進んだきょりの表です。 ❷ 下の表はおすしの個数と重さの表です。 ❸ ❶の空らんをうめましょう。 ❹ ❶と❷で比例はどちらでしょうか。理由を2つ以上書きましょう。また，❶，❷を参考に自分で比例と比例ではないものの表を作成して，3人に説明し，なっ得してもらえたらサインをもらいましょう。
6	全員が比例のグラフの書き方を説明できる。	❶ 下の表は，横の長さが18cmの長方形の，たての長さと面積の関係を表したものです。 　① yをxの式で表しましょう。 　② xとyの関係を，グラフに表しましょう。 ❷ 下の表は正方形のまわりの長さの表です。空らんをうめてグラフに表しましょう。また，グラフの表し方を3人に説明し，なっ得してもらえたらサインをもらいましょう。
7	全員が2つの比例のグラフの数量の関係を読み取り，説明することができる。	下のグラフは，じゃぐちA，じゃぐちBが同時に水を出したときの，時間と量を表しています。 ❶ A・Bそれぞれのyをxの式で表しましょう。 ❷ Aのじゃぐちが7分30秒間に出した水の量は何Lですか。 ❸ Bのじゃぐちが600Lの水を出したときに使った時間は何分ですか。 ❹ AとBのじゃぐちで同じ時間水を出すと，どちらのほうが量は多いですか。理由を3つ書き，3人に説明し，なっ得してもらえたらサインをもらいましょう。

8	全員が比例を利用して問題の解き方を説明することができる。	❶ 同じ種類のおり紙 10 枚の重さをはかると 5g ありました。色紙 800 枚を，全部数えないで用意する方法を考えます。空らんに入る数を書き，やり方を説明しましょう。 ❷ 同じ種類の磁石 20 個の重さをはかると 120g ありました。この磁石を 1320g 分用意したときの，磁石の個数を 2 通りの求め方で説明しましょう。ただし，「比例」という言葉を使うことが条件です。3 人に説明し，なっ得してもらえたらサインをもらいましょう。
9	全員が反比例の性質を説明することができる。	❶ 下の表は，面積が 60㎠ の長方形の，底辺と高さを表したものです。 ① （ア）（イ）に当てはまる数字を書きましょう。 ② 下の（ア）（イ）に当てはまる数を書きましょう。 ❷ 下の表は面積 18㎠ の三角形を表したもので，反比例になっています。なぜ反比例になっているかについて「反比例の性質」という言葉を使って，空らんに書きましょう。3 人に説明し，なっ得してもらえたらサインをもらいましょう。
10	全員がこれまでの算数の時間で学習した例から反比例の例を説明することができる。	❶ 下の表は，面積が 24㎠ の三角形の底辺 x cmと，高さ y cmの関係を表しています。 ① 上の表が反比例の理由を「反比例の性質」という言葉を使って下の空らんに書きましょう。 ❷ これまでで学習した例の中から，反比例の性質のものを 2 つ取り上げ，自分で表を作りましょう。また，なぜそれらが反比例になるのかについて下の空らんに書き，3 人に説明し，なっ得してもらえたらサインをもらいましょう。
11	全員が反比例の関係をグラフに表すことができる。	❶ 下の表は，18km の道のりを行くときの，時速とかかる時間を表したものです。 ① 空らんに当てはまる数を書きましょう。 ② y を x の式で表しましょう。 ③ x と y の値の組をグラフに表しましょう。 ❷ 下の表は，面積が 12㎠ の平行四辺形の底辺と高さを表したものです。 ① y を x の式で表しましょう。 ② ①のグラフを書いて，書き方をクラス全員がなっ得できるように下の空らんに書きましょう。3 人に説明し，なっ得してもらえたらサインをもらいましょう。

比例 反比例 ❶

_____組_____番 氏名_____

GOAL
全員が比例の関係を，式に表して説明することができる。

❶ 下の表は，1枚の重さが1gの1円玉の，枚数と重さを表したものです。（　）に当てはまる数字を書きましょう。

1枚の枚数 x (枚)	1	2	3	4
重さ y (g)	1	2	3	（　）

❷ ❶のやり方を下の空らんに書きましょう。

❸ （　）に当てはまる言葉を書きましょう。

y が x に比例する場合，y の値を対応している x でわり算をすると商は（　　　）になる。これはどのたての列を見ても（　　　）である。

❹ ❶の表を x と y の式で表すとどうなりますか。

[式] _____

❺ 比例の関係を式で表すと，どのような式になりますか。❶〜❹を見て考えましょう。「定まった数」，「x」，「y」の3つの言葉で表し，式を作って3人に説明し，なっ得してもらえたらサインをもらいましょう。

✎友だちのサイン

比例　反比例 ❷

___組___番　氏名_____

GOAL
全員が比例の性質はどうなっているのかを説明することができる。

下の表は家にある100円玉の，枚数と厚さを表にしたものです。

枚数 x（枚）	2	3	4	5	6
厚さ y（mm）	4	6	8	10	12

（ ア ）倍

（ イ ）倍

❶ ア，イに当てはまる数を書きましょう。

ア（　　　　　　　）　　　　　イ（　　　　　　　）

❷ y を x の式で表しましょう。

［ 式 ］_____

❸ 比例の性質を，「x」,「y」,「2倍」,「3倍」という言葉を使って空らんに書き，3人に説明し，なっ得してもらえたらサインをもらいましょう。

友だちのサイン

❹ 上の表で枚数が1000枚の場合の高さは何cmになりますか。式と答えを書きましょう。

［ 式 ］_____

［ 答え ］_____

比例　反比例 ❸

___組___番　氏名_____

GOAL

全員が小数の場合でも比例の関係が成り立つことを説明することができる。

❶ 下の表は円周率が3.14の円の直径と円周の長さを表したものです。式を書きましょう。

直径 x (cm)	1	2	3	4	5	6
円周 y (cm)	3.14	6.28	9.42	12.56	15.7	18.84

[式]_____

❷ ❶の表を見て，「x」「y」「小数」，という言葉を使って「比例は成立する」という文末で比例の性質を述べなさい。また，自分で小数の比例の表と式を2つ作成し，3人に説明し，なっ得してもらえたらサインをもらいましょう。

小数の比例の表 ①

小数の比例の表 ②

友だちのサイン

比例 反比例 ④

_____組_____番 氏名_____

🏅 GOAL
全員が分数の場合でも比例の関係が成り立つ理由を説明することができる。

下の表は底辺が3cmの三角形の高さと面積を表したものです。

(ウ)倍 ↓

高さ x (cm)	1	2	3	4	5	6
面積 y (cm)	$\frac{3}{2}$	(ア)	$\frac{9}{2}$	6	(イ)	9

↑ $\frac{1}{2}$倍

❶ y を x の式で表しましょう。

[式]_____

❷ ア〜ウに当てはまる数を書きましょう。

ア (   )   イ (   )   ウ (   )

❸ ❶，❷を参考にして，分数でも比例の関係が成り立つ理由を「x」，「y」，「$\frac{1}{2}$倍」という言葉を使って空らんに書きましょう。また，分数で比例が成り立つ例を2つ以上挙げて3人以上に説明し，なっ得してもらえたらサインをもらいましょう。

✏️ 友だちのサイン

比例　反比例 ５

　　　　　　　　　　　組　　　番　氏名

🏅GOAL
全員が比例と比例ではないものの区別ができるようになる。

です。

	3	4
		160

	3	4
	46	67

ましょう。また，❶，❷を参
人に説明し，なっ得してもら

（　　関係）

比例ではないもの：（羊の重さ）

✏️友だちのサイン | | | |

比例　反比例 ❻

_____組_____番　氏名_____

🥇GOAL

全員が比例のグラフの書き方を説明できる。

❶ 下の表は，横の長さが 18cm の長方形の，たての長さと面積の関係を表したものです。

たての長さ x（cm）	1	2	3	4
面積 y（cm²）	18	36	54	72

① y を x の式で表しましょう。

　　［式］_____

② x と y の関係を，グラフに表しましょう。

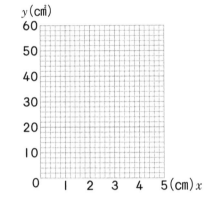

❷ 下の表は正方形のまわりの長さの表です。空らんをうめてグラフに表しましょう。また，グラフの表し方を 3 人に説明し，なっ得してもらえたらサインをもらいましょう。

辺の長さ（cm）	1	2	3	4
周りの長さ（cm）	4	①	12	②

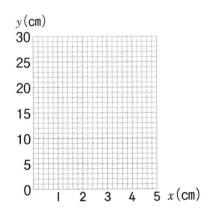

✏️友だちのサイン

比例 反比例 7

___組___番 氏名_____

🥇GOAL
全員が2つの比例のグラフの数量の関係を読み取り，説明することができる。

下のグラフは，じゃぐち A，じゃぐち B が同時に水を出したときの，時間と量を表しています。

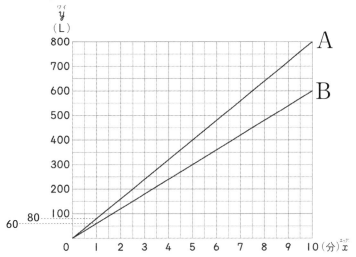

❶ A・B それぞれの y を x の式で表しましょう。

　A（　　　　　　　　　）　　B（　　　　　　　　　）

❷ A のじゃぐちが 7 分 30 秒間に出した水の量は何 L ですか。
　（　　　　　　）

❸ B のじゃぐちが 600 L の水を出したときに使った時間は何分ですか。
　（　　　　　　）

❹ A と B のじゃぐちで同じ時間水を出すと，どちらのほうが量は多いですか。理由を3つ書き，3人に説明し，なっ得してもらえたらサインをもらいましょう。

✏️友だちのサイン

比例 反比例 8

___組___番 氏名_____

GOAL
全員が比例を利用して問題の解き方を説明することができる。

❶ 同じ種類のおり紙 10 枚の重さをはかると 5g ありました。色紙 800 枚を,全部数えないで用意する方法を考えます。空らんに入る数を書き,やり方を説明しましょう。

個数 x (枚)	10	800
重さ y (g)	5	

❷ 同じ種類の磁石 20 個の重さをはかると 120g ありました。この磁石を 1320g 分用意したときの,磁石の個数を 2 通りの求め方で説明しましょう。ただし,「比例」という言葉を使うことが条件です。3 人に説明し,なっ得してもらえたらサインをもらいましょう。

個数 x (個)	20	
重さ y (g)	120g	1320

友だちのサイン | | | |

比例　反比例 ❾

　　　　　　　　　　　　　　　組　　　番　氏名

GOAL
全員が反比例の性質を説明することができる。

❶ 下の表は，面積が60c㎡の長方形の，底辺と高さを表したものです。

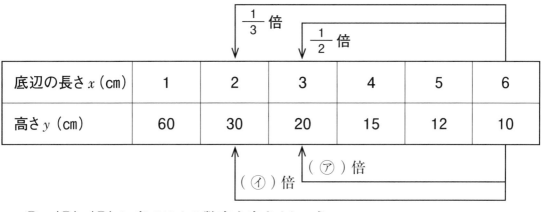

① (ア)(イ)に当てはまる数字を書きましょう。
　　ア(　　　　　　　　)　　イ(　　　　　　　　)

② 下の(ア)(イ)に当てはまる数を書きましょう。
　yがxに反比例するとき，xの値が$\frac{1}{2}$倍，$\frac{1}{3}$倍，…となると，それにともなってyの値は(　ア　)倍,(　イ　)…倍となる。
　　ア(　　　　　　　　)　　イ(　　　　　　　　)

❷ 下の表は面積18c㎡の三角形を表したもので，反比例になっています。なぜ反比例になっているかについて「反比例の性質」という言葉を使って，空らんに書きましょう。3人に説明し，なっ得してもらえたらサインをもらいましょう。

底辺の長さ x(cm)	1	2	3
高さ y(cm)	36	18	12

　　　　　✎ 友だちのサイン

比例　反比例 ⑩

___組___番 氏名_____

GOAL
全員がこれまでの算数の時間で学習した例から反比例の例を説明することができる。

❶ 下の表は，面積が 24㎠ の三角形の底辺 x cm と，高さ y cm の関係を表しています。

底辺 x（cm）	1	2	3	4
高さ y（cm）	48	24	16	12

① 上の表が反比例の理由を「反比例の性質」という言葉を使って下の空らんに書きましょう。

❷ これまでで学習した例の中から，反比例の性質のものを2つ取り上げ，自分で表を作りましょう。また，なぜそれらが反比例になるのかについて下の空らんに書き，3人に説明し，なっ得してもらえたらサインをもらいましょう。

①

②

✎ 友だちのサイン

比例　反比例 ⓫

_____組_____番　氏名_____

🏅GOAL
全員が反比例の関係をグラフに表すことができる。

❶ 下の表は，18kmの道のりを行くときの，時速とかかる時間を表したものです。

時速x(km)	1	1.5	③	3	6	10	12
かかる時間y(時間)	18	①	9	6	3	②	1.5

① 空らんに当てはまる数を書きましょう。　①(　　　) ②(　　　) ③(　　　)

② y を x の式で表しましょう。　　　[式]_____

③ x と y の値をグラフに表しましょう。

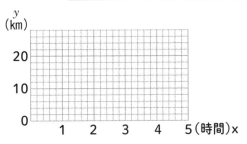

❷ 下の表は，面積が12cm²の平行四辺形の底辺と高さを表したものです。

底辺x(cm)	1	2	3	4	6	12
高さy(cm)	12	6	4	3	2	1

① y を x の式で表しましょう。　　　[式]_____

② ①の値をグラフに書いて，書き方をクラス全員がなっ得できるように下の空らんに書きましょう。3人に説明し，なっ得してもらえたらサインをもらいましょう。

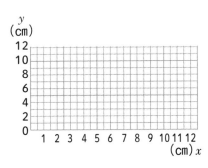

✏️友だちのサイン　|　　　|　　　|　　　|

課題11 並べ方

	めあて（GOAL）	課題
1	全員が並べ方の問題の解き方を説明することができる。	❶ 給食を配るときに，A，B，C の 3 人が順に並びます。3 人の並ぶ順番には，どのようなものがあるか調べます。 ① 1 番目を①，2 番目を②，3 番目を③として，1 番目に A が並ぶ順番を，下の図のように表しました。□に適当な文字を書きましょう。 ② 3 人が並ぶ順番は，全部で何通りありますか。 ❷ 次の問題に答えましょう。 ① 2 人でじゃんけんをしたら，あいこの出方は全部で何通りありますか。 ② 3 人でじゃんけんをするとき，あいこの出方は全部で何通りありますか。3 人にやり方を説明し，なっ得してもらえたらサインをもらいましょう。
2	全員が組み合わせの問題の解き方を説明することができる。	❶ 下の表を見て，問題に答えましょう。 A,B,C,D,E の 5 人でバトミントンをします。どのメンバーも 1 回ずつ試合をするとき，どんな対戦があるのか調べます。 ① 上の表のあ，いはだれとだれが対戦をしているか，それぞれ書きましょう。 ② 5 人の対戦は全部で何通りありますか。 ❷ A，B，C，D，の 4 チームでサッカーをします。どのチームも 1 回ずつ試合をするとき，4 チームの対戦は全部で何通りありますか。 ❸ A，B，C 3 人の中から 2 人組を作るとき，全部で 3 通りあります。そのためのやり方を下の空らんに書き，3 人に説明し，なっ得してもらえたらサインをもらいましょう。
3	全員が並べ方か，組み合わせ方を考えて，問題の解き方を説明することができる。	❶ 下の図は，定食屋さんのメニューです。A，B，C から 1 つずつ選びます。何通りのセットができますか。 ① ご飯を選んだとき，何通りのセットができますか。 ② うどんを選んだとき，そばを選んだとき，それぞれ何通りのセットができますか。 ③ 全部で何通りのセットができますか。 ④ 上の問題は組み合わせと並べ替えのどちらですか。 ❷ A，B，C，D，E の 5 人から図書係を 2 人選ぶと 10 通りになります。この問題の解き方を「並べ方」か「組み合わせ方」どちらかの言葉を必ず使って，3 人に説明し，なっ得してもらえたらサインをもらいましょう。

並べ方 １

_____組 _____番 氏名_____

GOAL
全員が並べ方の問題の解き方を説明することができる。

❶ 給食を配るときに，A, B, C の 3 人が順に並びます。3 人の並ぶ順番には，どのようなものがあるか調べます。

① 1 番目を①，2 番目を②，3 番目を③として，1 番目に A が並ぶ順番を，下の図のように表しました。□に適当な文字を書きましょう。

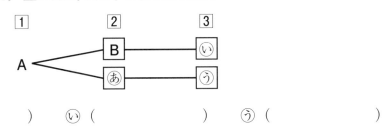

あ (　　　　　　)　　い (　　　　　　)　　う (　　　　　　)

② 3 人が並ぶ順番は，全部で何通りありますか。

(　　　　　　) 通り

❷ 次の問題に答えましょう。

① 2 人でじゃんけんをしたら，あいこの出方は全部で何通りありますか。

(　　　　　　) 通り

② 3 人でじゃんけんをするとき，あいこの出方は全部で何通りありますか。3 人にやり方を説明し，なっ得してもらえたらサインをもらいましょう。

✏️ 友だちのサイン

並べ方 2

____組____番　氏名_____

GOAL
全員が組み合わせの問題の解き方を説明することができる。

❶ 下の表を見て，問題に答えましょう。
A,B,C,D,E の5人でバトミントンをします。どのメンバーも1回ずつ試合をするとき，どんな対戦があるか調べます。

	A	B	C	D	E
A		○	○	○	○
B			○	○	○
C				○	○
D					○
E					

　　　　　　　あ　　　　　　　い

① 上の表のあ，いはだれとだれが対戦をしているか，それぞれ書きましょう。
　あ（　　　　　　）　い（　　　　　　）

② 5人の対戦は全部で何通りありますか。
　（　　　　　　）通り

❷ A, B, C, D, の4チームでサッカーをします。どのチームも1回ずつ試合をするとき，4チームの対戦は全部で何通りありますか。
　（　　　　　　）通り

❸ A, B, C 3人の中から2人組を作るとき，全部で3通りあります。そのためのやり方を下の空らんに書き，3人に説明し，なっ得してもらえたらサインをもらいましょう。

✏️友だちのサイン　|　　　|　　　|　　　|

並べ方 3

_____組_____番 氏名_____

🥇GOAL
全員が並べ方か，組み合わせ方を考えて，問題の解き方を説明することができる。

❶ 下の図は,定食屋さんのメニューです。A,B,C から１つずつ選びます。何通りのセットができますか。

A	B	C
ご飯 うどん そば	焼き魚 ステーキ	紅茶 コーヒー コーラ

① ご飯を選んだとき，何通りのセットができますか。
（　　　　　　　）通り

② うどんを選んだとき，そばを選んだとき，それぞれ何通りのセットができますか。
うどん（　　　　　　　）通り　　　そば（　　　　　　　）通り

③ 全部で何通りのセットができますか。
（　　　　　　　）通り

④ 上の問題は組み合わせと並べ替えのどちらですか。
（　　　　　　　）

❷ A，B，C，D，E の 5 人から図書係を 2 人選ぶと 10 通りになります。この問題の解き方を「並べ方」か「組み合わせ方」どちらかの言葉を必ず使って 3 人に説明し，なっ得してもらえたらサインをもらいましょう。

✏友だちのサイン

課題12 資料の調べ方

めあて（GOAL）	課題
1 全員が集団での記録を平均や散らばりで比べるやり方を説明することができる。	❶ 下の表は，すぐるさんが7月4日と7月5日にしゅうかくしたトマト4個の重さを記録したものです。 ❷ 軽いトマトがしゅうかくできたのは7月4日と7月5日どちらですか。トマトの重さの平均で比べましょう。 ❸ 下の図に，7月4日，7月5日にしゅうかくしたトマトの重さを数直線で表しましょう。 ❹ 7月4日と7月5日にしゅうかくしたトマトのそれぞれで，1番重い重さと1番軽い重さの差を求め，3人に説明し，なっ得してもらえたらサインをもらいましょう。
2 全員が資料を表に整理して，その表の読み取り方の説明することができる。	❶ 下の表は，今日の朝たくやさんがしゅうかくした13個のナスの重さを記録したものです。 　① 重さを3gずつに区切って，ナスの数を上の表に整理します。18gのナスはどのはんいに入りますか。 　② もしも17.9gのナスがあったとすると，どのはんいに入りますか。 　③ それぞれのはんいに入るナスの数を上の表に書きましょう。 ❷ 今日の朝，ゆうやさんがしゅうかくした15個のイチゴの重さについて，右の表に整理しました。 　① 重さが18g未満のイチゴは何個ありますか。また，その割合は全体の個数の何%ですか。答えの出し方を書き，3人に説明し，なっ得してもらえたらサインをもらいましょう。 　② 重い方から数えて4番目のイチゴは，何g以上何g未満のはんいにありますか。

3	全員がグラフを表にして、そのグラフの読み取り方を説明することができる。	❶ 下の表はひろきさんのクラス全員の通学きょりについて、きょりを0.5kmずつに区切って、児童の数を整理したものです。 ① この表を柱状グラフに表しましょう。 ❷ 下の柱状グラフは、6年男子と女子のソフトボール投げの記録を表したものです。 ① 男子と女子それぞれで、投げたきょりの人数が多いのは、何m以上何m未満のはんいですか。グラフに矢印を書きましょう。 ② 35m以上投げた人が多いのは、男子と女子のどちらですか。どのように比べたか3人に説明し、なっ得してもらえたらサインをもらいましょう。
4	全員が複数のグラフを読んで、求められていることを説明することができる。	❶ 下のグラフは、日本の人口の変化と、将来の予測を表したものです。グラフを見て答えましょう。 ① 日本の総人口が1番多いのは何年ですか。 ② 2005年の、日本の総人口を基にした65才以上の人口の割合、0〜14才の割合、65才以上の割合はそれぞれおよそ何%ですか。 ③ 2025年の日本の総人口は、約12000万人と予測されます。2025年の0〜14才の人口が11%の場合、およそ何万人と予測できますか。 ④ 2035年の65才以上の人は総人口のおよそ3人に1人の割合となっています。この割合をどのように求めるかを「棒グラフ」「折れ線グラフ」という言葉を必ず使って下の空らんに書きましょう。

資料の調べ方 １

_____組_____番　氏名_____

🏅 GOAL
全員が集団での記録を平均や散らばりで比べるやり方を説明することができる。

❶ 下の表は，すぐるさんが7月4日と7月5日にしゅうかくしたトマト4個の重さを記録したものです。

7月4日にしゅうかくしたトマトの重さ（g）

(1)	(2)	(3)	(4)
102	101	97	105

7月5日にしゅうかくしたトマトの重さ（g）

(1)	(2)	(3)	(4)
105	107	99	101

❷ 軽いトマトがしゅうかくできたのは7月4日と7月5日どちらですか。トマトの重さの平均で比べましょう。

　　　　　　　　　　（　　　　　　　　）

❸ 下の図に，7月4日，7月5日にしゅうかくしたトマトの重さを数直線で表しましょう。

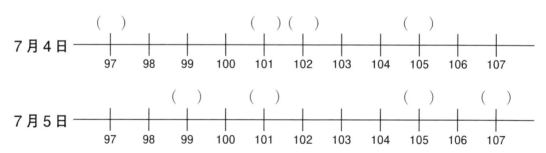

❹ 7月4日と7月5日にしゅうかくしたトマトのそれぞれで，1番重い重さと1番軽い重さの差を求め，3人に説明し，なっ得してもらえたらサインをもらいましょう。

🖉 友だちのサイン

資料の調べ方 2

___組 ___番 氏名_____

GOAL
全員が資料を表に整理して、その表の読み取り方を説明することができる。

❶ 下の表は、今日の朝たくやさんがしゅうかくした13個のナスの重さを記録したものです。

ナスの重さ（g）

①19	②18	③10	④16	⑤16	⑥15	⑦15
⑧19	⑨14	⑩17	⑪16	⑫13	⑬22	

畑のナスの重さ

重さ(g)	個数(個)
9以上～12未満	
12 ～15	
15 ～18	
18 ～21	
21 ～24	
合計	13

① 重さを3gずつに区切って、ナスの数を上の表に整理します。18gのナスはどのはんいに入りますか。
（　　　　　　　　　　）

② もしも17.9gのナスがあったとすると、どのはんいに入りますか。
（　　　　　　　　　　）

③ それぞれのはんいに入るナスの数を上の表に書きましょう。

❷ 今日の朝、ゆうやさんがしゅうかくした15個のイチゴの重さについて、下の表に整理しました。

① 重さが18g未満のイチゴは何個ありますか。また、その割合は全体の個数の何%ですか。答えの出し方を書き、3人に説明し、なっ得してもらえたらサインをもらいましょう。

重さ(g)	個数(個)
9以上～12未満	1
12 ～15	3
15 ～18	8
18 ～21	2
21 ～24	1
合計	15

✏️ 友だちのサイン | | | |

② 重い方から数えて4番目のイチゴは、何g以上何g未満のはんいにありますか。
（　　　　　　　　　　）

資料の調べ方 3

___組___番 氏名_____

GOAL
全員がグラフを表にして，そのグラフの読み取り方を説明することができる。

❶ 下の表はひろきさんのクラス全員の通学きょりについて，きょりを 0.5kmずつに区切って，児童の数を整理したものです。

① この表を柱状グラフに表しましょう。

通学きょりと人数

きょり (km)	人数
0 以上 0.5 未満	2
0.5 以上 1.0 未満	10
1.0 以上 1.5 未満	7
1.5 以上 2.0 未満	6
2.0 以上 2.5 未満	3
合計	28

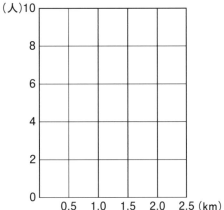

❷ 下の柱状グラフは，6年男子と女子のソフトボール投げの記録を表したものです。
① 男子と女子それぞれで，投げたきょりの人数が多いのは，何 m 以上何 m 未満のはんいですか。グラフに矢印を書きましょう。

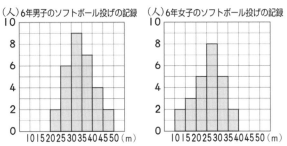

② 35m 以上投げた人が多いのは，男子と女子のどちらですか。どのように比べたか 3 人に説明し，なっ得してもらえたらサインをもらいましょう。

✏友だちのサイン

資料の調べ方 4

_____組_____番　氏名_____

GOAL
全員が複数のグラフを読んで，求められていることを説明することができる。

❶ 下のグラフは，日本の人口の変化と，将来の予測を表したものです。グラフを見て答えましょう。

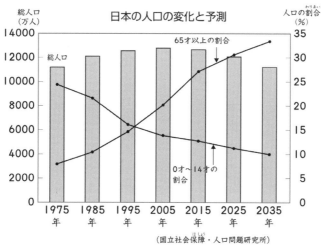

（国立社会保障・人口問題研究所）

① 日本の総人口が1番多いのは何年ですか。　　　（　　　　　　　）

② 2005年の，日本の総人口を基にした65才以上の人口の割合，0～14才の割合，65才以上の割合はそれぞれおよそ何％ですか。

　0～14才の割合（　　　　　　　）　　　　65才以上（　　　　　　　）

③ 2025年の日本の総人口は，約12000万人と予測されます。2025年の0～14才の人口が11％の場合およそ何万人と予測できますか。

（　　　　　　　）

④ 2035年の65才以上の人は総人口のおよそ3人に1人の割合となっています。この割合をどのように求めるかを「棒グラフ」「折れ線グラフ」という言葉を必ず使って下の空らんに書きましょう。

友だちのサイン

課題13 量と単位の仕組み

	めあて（GOAL）	課題
1	全員が面積の単位とその仕組みを説明することができる。	❶ □に当てはまる単位や数を書きましょう。 ❷ □に当てはまる単位を書きましょう。 　① おり紙の面積は，148 □です。 　② 日本一大きい湖の面積は，670 □です。 　③ 公園の面積は，323 □です。 ❸ 「たて10 m, 横20 mの面積はいくつですか。「a」を使って求めましょう。」という問題で答えを200 aと書いたクラスメイトがいました。この答えのどこがことなるか，正しい答えは何になるかを3人に説明し，なっ得してもらえたらサインをもらいましょう。 ❹ 次の面積を〔　〕の中の単位で表しましょう。
2	全員が長さや重さ，リットルがつく単位とメートル法の仕組みを理解することができる。	❶ □に当てはまる単位や数を書きましょう。 ❷ 次の□に当てはまる単位を書きましょう。 　① 富士山の高さは3776 □です。 　② 赤ちゃんの体重は3 □です。 　③ ペットボトルに入っているお茶の体積は500 □です。 ❸ 3000 mLは3Lである。なぜ，そうなるかを「mL」,「L」,「1000」という言葉を使って説明しましょう。3人に説明し，なっ得してもらえたらサインをもらいましょう。 ❹ 次の数値を（　）の中の単位で表しましょう。

量と単位の仕組み 1

____組____番 氏名_____

🏅 GOAL
全員が面積の単位とその仕組みを説明することができる。

❶ □に当てはまる単位や数を書きましょう。

1辺の長さ	1km	100m	10m	1m	1cm
正方形の面積	① 1 ㎢	10000㎡ (1ha)	100㎡ (1a)	② 1	③ 1

1km → 100m : 100倍
100m → 10m : ④ 倍
10m → 1m : ⑤ 倍
1m → 1cm : 10000倍
1km → 1cm : 1000000倍

❷ □に当てはまる単位を書きましょう。

① おり紙の面積は, 148 □ です。

② 日本一大きい湖の面積は, 670 □ です。

③ 公園の面積は, 323 □ です。

❸「たて10m, 横20mの面積はいくつですか。「a」を使って求めましょう。」という問題で答えを200aと書いたクラスメイトがいました。この答えのどこがことなるか,正しい答えは何になるかを3人に説明し,なっ得してもらえたらサインをもらいましょう。

✏️友だちのサイン | | | |

❹ 次の面積を〔 〕の中の単位で表しましょう

① 7㎡〔c㎡〕 (   )　　② 5ha〔a〕 (   )

③ 800a〔ha〕(   )　　④ 80㎢〔a〕 (   )

101

量と単位の仕組み ❷

_____組_____番 氏名_____

🥇GOAL

全員が長さや重さ，リットルがつく単位とメートル法の仕組みを理解することができる。

❶ □に当てはまる単位や数を書きましょう。

大きさを表すことば	キロ k	ヘクト h	デカ da		デシ d	センチ c	ミリ m
意味	1000倍	100倍	10倍	1	$\frac{1}{10}$倍	$\frac{1}{100}$倍	①□倍
長さの単位	②□	(hm)	(dam)	m	(dm)	③□	mm
重さの単位	kg	(hg)	(dag)	g	(dg)	(cg)	④□
体積の単位	kL	(hL)	(daL)	L	⑤□	(cL)	mL

❷ 次の□に当てはまる単位を書きましょう。

① 富士山の高さは 3776 □ です。

② 赤ちゃんの体重は 3 □ です。

③ ペットボトルに入っているお茶の体積は 500 □ です。

❸ 3000 mLは3Lである。なぜ，そうなるかを「mL」,「L」,「1000」という言葉を使って説明しましょう。3人に説明し，なっ得してもらえたらサインをもらいましょう。

✏️友だちのサイン | | | |
|---|---|---|

❹ 次の数値を（ ）の中の単位で表しましょう。

① 9kg（g）　（　　　　　　）　　② 56mm（cm）（　　　　　　）

③ 7km（m）　（　　　　　　）　　④ 100 hm（cm）（　　　　　　）

Part 2

『学び合い』を成功させる
課題プリント・解答集

課題1	対称な図形	104-105
課題2	曲線のある形の面積	105-106
課題3	文字と式	106-107
課題4	分数のかけ算	107-109
課題5	分数のわり算	109-111
課題6	立体の体積	112-113
課題7	比とその応用	113-114
課題8	拡大図と縮図	114-115
課題9	速さ	115-116
課題10	比例　反比例	116-119
課題11	並べ方	119-120
課題12	資料の調べ方	120-121
課題13	量と単位の仕組み	121

答え

対称な図形 １

___組___番 氏名_____

GOAL 全員が線対称な図形に対称軸をかくことができる。

❶ ２つに折るとぴったり重なる図があります。どのように折れば重なるか，折り目をかき入れましょう。

❷ 線対称な図形について「対称軸」という言葉を使って２人に説明し，なっ得してもらえたらサインをもらいましょう。

> 線対称な図形とは，対称軸を折り目にして２つ折りにすると，対応する点，辺，角が重なり合う図形。

❸ 身のまわりから，線対称な図形を探して，なぜその図形が線対称なのかを２人に説明し，なっ得してもらえたらサインをもらいましょう。

> 正方形。正方形の真ん中に線を入れ，折りたたむと左と右の図形がぴったりと重なるから。

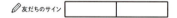

対称な図形 ２

___組___番 氏名_____

GOAL 全員が線対称な図形の対応する点，辺，角を示すことができる。

❶ 右の図形は線対称な図形で，直線アイは対称軸です。頂点，辺，角に対応する頂点，辺，角はどれか書きましょう。

① 頂点 C （ **頂点 J** ）
② 辺 AB （ **辺 AK** ）
③ 辺 GH （ **辺 ED** ）
④ 角 K （ **角 B** ）

❷ 右の図形は線対称な図形で，直線アイは対称軸です。
① 垂直に交わっているのは，どれとどれか書きましょう。

（ **直線 CL** ）と（ **軸アイ** ）は垂直に交わっている。

② 直線 CN と直線 LN の長さは，どのようになっていますか。
また，なぜそう考えたかを２人に説明し，なっ得してもらえたらサインをもらいましょう。

直線 CN と直線 LN の長さは（ **等しい。** ）
なぜなら，

> 右の図形は線対称な図形のため，点 N から点 C のきょりと点 N から点 L のきょりが等しいからです。

対称な図形 ３

___組___番 氏名_____

GOAL 全員が線対称な図形をかくことができる。

❶ 下の方眼に，直線アイが対称軸になるように，線対称な図形をかきましょう。また，どのように考えて答えを決めたかを２人に説明し，なっ得してもらえたらサインをもらいましょう。

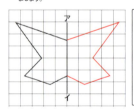

> 直線アイからそれぞれの角の角度と長さをはかり，対称に引きます。

❷ 下の図に直線アイが対称軸になるように，線対称な図形をかきましょう。また，どのように考えて答えを決めたかを２人に説明し，なっ得してもらえたらサインをもらいましょう。

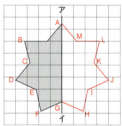

> ①線対称な図形は，対応する２つの点を結ぶ直線が，対称の軸に垂直に交わっています。
> ②対称の軸から対応する２つの点までの長さは等しくなっています。そのため，左の図形のようにA～Rを割りふり，①②が合っていれば線対称な図形となります。

対称な図形 ４

___組___番 氏名_____

GOAL 全員が点対称な図形について説明することができる。

❶ 次の図で，「・」の点を中心にして180°回転すると，もとの図形ときちんと重なり合う図形はどれですか。選んで記号を書きましょう。

㋐ ㋑ ㋒

答え　**㋐，㋒**

❷ 点対称な図形を「対称の中心」という言葉を使って説明しましょう。また身のまわりから点対称な図形を探してしょうかいしましょう。説明としょうかいを３人にし，なっ得してもらえたら，サインをもらいましょう。

> ○点対称な図形の説明：
> 　点対称な図形とは，対称の中心から180°回転させると，対応する点，辺，角が重なり合う図形。
>
> ○身のまわりの点対称な図形
> 　トランプのダイヤのＱ（12）など

対称な図形 5

GOAL 全員が点対称な図形の対応する点, 辺, 角を示すことができる。

❶ 下の形は点対称な図形で, 点 O は対称の中心です。次の頂点, 辺, 角と対応するものはどれですか。

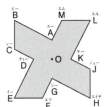

① 頂点 B （ **頂点 H** ）
② 辺 CD （ **辺 JK** ）
③ 辺 AB （ **辺 GH** ）
④ 角 L （ **角 E** ）

❷ 右の形は点対称な図形で, 点 O は対称の中心です。

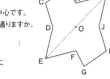

① 対応する 2 つの点を結ぶ直線は, どこを通りますか。

（ **点 O （対称の中心）** ）

② 直線 EO と直線 KO の長さは, どのようになっていますか。
またその理由を 2 人に説明し, なっ得してもらえたらサインをもらいましょう。

（ **等しくなっている。** ）

理由
右の図は点対称な図形なので, 直線 KO と直線 EO の長さが 180°回転しても同じ図形になるため, 等しい長さになるといえる。

📝 友だちのサイン

対称な図形 6

GOAL 全員が点対称な図形をかくことができる。

❶ 下の方眼に, 点 O が対称の中心になるように, 点対称な図形をかきましょう。また, どのように考えて答えを決めたかを 2 人に説明し, なっ得してもらえたらサインをもらいましょう。

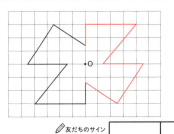

📝 友だちのサイン

❷ 下の形は点 O を中心とした, 点対称な図形の半分を表しています。残り半分をかきましょう。また, どのように考えて答えを決めたかを 2 人に説明し, なっ得してもらえたらサインをもらいましょう。

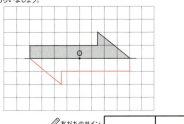

📝 友だちのサイン

対称な図形 7

GOAL 全員が正多角形や円の対称軸, 対称の中心を見つけることができる。

❶ 次の四角形について答えましょう。
① 下の正方形に, 対称軸をすべてかきましょう。
② 下の平行四辺形に, 対称の中心をかきましょう。

 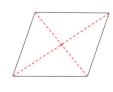

❷ 次の多角形について調べて, 下の表にまとめましょう。
対称な図形には○を, そうではない図形には×を書きましょう。また線対称な図形には対称軸の数も書きましょう。

ひし形　正三角形　正五角形　正六角形　正八角形

	線対称	対称軸の数	点対称
ひし形	○	2	○
正三角形	○	3	×
正五角形	○	5	×
正六角形	○	6	○
正八角形	○	8	○

曲線のある形の面積 1

GOAL 全員が円の面積を求める公式をおぼえて, 説明することができる。

❶ 円の面積を求める公式を書きましょう。そしてなぜこの公式になるか例を出しながら, 3 人に説明し, なっ得してもらえたらサインをもらいましょう。

円の公式：
円の面積は,
（円の面積）=（半径）×（半径）×（円周率）
円の面積を求める公式は, まず丸いピザを切り分けていくつかの三角形にするように, 円の中心を通るよう小さなピースに切り分けます。そして上下半分ずつに分けて, 切ったところを▼▼▼▼▼と▲▲▲▲▲という形に並べ, さらにそれを▼▲▼▲▼▲▼▲▼▲となるようたがいに組み合わせます。そうすると「平行四辺形」になります。平行四辺形の面積の求め方は「底辺×高さ」です。つまりこの場合の底辺の長さは「円周の半分」であり, 高さは「半径」となります。
よって
（円の面積）=（円周の半分）×（半径）
**　　　　　=（半径）×（円周率）×（半径）**

📝 友だちのサイン

❷ 半径 3cm の円の面積を求めましょう。

[式]　　　　　**3 × 3 × 3.14 ＝ 28.2**

[答え]　　**28.26cm²**

105

答え

曲線のある形の面積 2

___組___番 氏名___

🎯 GOAL
全員が円や半円の面積を求めることができる。

❶ 下の図形の面積を求めましょう。

①

[式]　8 ÷ 2 ＝ 4
　　　　4 × 4 × 3.14 ＝ 50.24
[答え]　50.24㎠

②

[式]　9 × 9 × 3.14 ÷ 2 ＝ 127.17
[答え]　127.17㎠

❷ 下の図の面積を求めましょう。またどのように求めたかを2人に説明し、なっ得してもらえたらサインをもらいましょう。

[式]　6 × 6 × 3.14 ÷ 4 ＝ 28.26
[答え]　28.26㎠

（例）$\frac{1}{4}$ の円なので、まず半径6㎝の円の体積を求める。
そのあとで4で割って答えを出した。

✏️ 友だちのサイン　　　　

曲線のある形の面積 3

___組___番 氏名___

🎯 GOAL
全員が形の組み合わせを考え、面積を求めることができる。

❶ 色をぬった部分の面積を求めましょう。

①

[式]　9 × 9 × 3.14 ＝ 254.34
[答え]　254.34㎠

②

[式]　6 × 6 × 3.14 ＝ 113.04
　　　　6 ÷ 2 ＝ 3
　　　　3 × 3 × 3.14 ＝ 28.26
　　　　113.04 － 28.26 ＝ 84.78
[答え]　84.78㎠

❷ 色をぬった部分の面積を求めましょう。またどのように求めたかを3人に説明し、なっ得してもらえたらサインをもらいましょう。

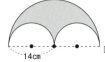
[式]　14 × 14 × 3.14 ÷ 2 ＝ 307.72
　　　　14 ÷ 2 ＝ 7
　　　　7 × 7 × 3.14 ÷ 2 × 2 ＝ 153.86
　　　　307.72 － 153.86 ＝ 153.86
[答え]　153.86㎠

✏️ 友だちのサイン　　　　

曲線のある形の面積 4

___組___番 氏名___

🎯 GOAL
全員が形の組み合わせを考え、面積を求めることができる(応用編)。

❶ 色をぬった部分の面積を求めましょう。

①

[式]　10 × 10 × 3.14 ÷ 4 ＝ 78.5
[答え]　78.5㎠

②

[式]　8 × 8 ＝ 64
　　　　8 × 8 × 3.14 ÷ 4 ＝ 50.24
　　　　64 － 50.24 ＝ 13.76
[答え]　13.76㎠

③

[式]　4 × 4 × 3.14 ÷ 4 ＝ 12.56
　　　　4 × 4 ÷ 2 ＝ 8
　　　　（12.56 － 8）× 2 ＝ 9.12
[答え]　9.12㎠

文字と式 1

___組___番 氏名___

🎯 GOAL
全員が x など文字を使い、式で表すことができる。

❶ 下の正三角形のまわりの長さを求める式を書きましょう。

① 　② 　③

（　2×3　）　（　3×3　）　（　4×3　）

❷ 1辺の長さが x ㎝のときの、正三角形のまわりの長さを求める式を書きましょう。そしてなぜそうなるかを2人に説明し、なっ得してもらえたらサインをもらいましょう。

[式]　$x × 3$

[説明]

正三角形はどの辺も同じ長さであり、3辺の長さの合計が正三角形のまわりの長さになるから。

✏️ 友だちのサイン

文字と式 2

___組___番 氏名_____

GOAL 全員が x で式を表し、x に当てはまる数を求めることができる。

❶ たての長さが 6cm、横の長さが $x$cm の長方形があります。下の問題を解きましょう。

① 長方形の面積を求める式を書きましょう。

[式] $\quad 6 \times x$

② 横の長さが 13cm、8.5cm のときの長方形の面積を求めましょう。

(1) 13cm のとき
[式] $\quad 6 \times 13 = 78$
[答え] $\quad 78$cm²

(2) 8.5cm のとき
[式] $\quad 6 \times 8.5 = 51$
[答え] $\quad 51$cm²

③ 面積が 96cm² になるときの、横の長さを求めましょう。またどうやって求めたかを 3 人に説明し、なっ得してもらえたらサインをもらいましょう。

[式] $\quad 6 \times x = 96 \quad x = 96 \div 6 \quad x = 16$
[答え] $\quad 16$cm

（例）横の長さを x として式を立てると、面積をたての長さで割ればいいことが分かる。

✎ 友だちのサイン _____

文字と式 3

___組___番 氏名_____

GOAL 全員が x などの文字を使い、かけ算がまざった式で表し、解くことができる。

❶ x 円のボールを 7 個買うと、代金は y 円です。下の問題を解きましょう。

① x と y の関係を式で表しましょう。また、どうやって式を立てたか 3 人に説明し、なっ得してもらえたらサインをもらいましょう。

[式] $\quad x \times 7 = y$

x 円のボールを 7 個買う時のねだんは、$7 \times x$（円）である。また代金は y 円と説明文にあるので、式は $7 \times x = y$ となる。

✎ 友だちのサイン _____

② x の値が 120 のとき、対応する y の値を求めましょう。

[式] $\quad 120 \times 7 = 840$
[答え] $\quad 840$

③ y の値が 630 になるときの、x の値を求めましょう。

[式] $\quad x \times 7 = 630$
$\quad\quad x = 630 \div 7$
$\quad\quad = 90$
[答え] $\quad 90$

文字と式 4

___組___番 氏名_____

GOAL 全員が x などの文字を使い、いろいろな単位を用いて、問題文を式で表すことができる。

❶ 次の場面で、x と y の関係を式に表しましょう。そしてそれぞれどうやって式を立てたか、2 人に説明し、なっ得してもらえたらサインをもらいましょう。

① x 人いた教室に 11 人入ってきました。教室には全部で y 人います。

[式] $\quad x + 11 = y$

② x dL の牛乳があります。2 dL 飲みました。残りは y dL です。

[式] $\quad x - 2 = y$

③ 9 人に x 枚ずつ厚紙を配るときの、必要な厚紙の枚数は y 枚です。

[式] $\quad x \times 9 = y$

④ 面積が 36cm² の平行四辺形があります。底辺が $x$cm のとき、高さは $y$cm です。

[式] $\quad 36 \div x = y$

✎ 友だちのサイン _____

分数のかけ算 1

___組___番 氏名_____

GOAL 全員が（分数）×（分数）の計算が分かり、できるようになる。

❶ □に当てはまる数や言葉を書きましょう。

$$\frac{1}{3} \times \frac{5}{6} = \frac{1 \times \boxed{5}}{3 \times \boxed{6}} = \boxed{\frac{5}{18}}$$

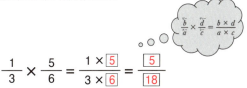
$\frac{b}{a} \times \frac{d}{c} = \frac{b \times d}{a \times c}$

❷ 分数×分数の計算のやり方を「分母同士」という言葉を使って、3 人に説明し、なっ得してもらえたらサインをもらいましょう。

（分数）×（分数）の計算は、分母同士、分子同士をかける。

✎ 友だちのサイン _____

❸ かけ算をして、問題を解きましょう。

① $\frac{8}{9} \times \frac{2}{3} = \frac{8 \times 2}{9 \times 3} = \frac{16}{27}$

② $\frac{7}{10} \times \frac{3}{8} = \frac{7 \times 3}{10 \times 8} = \frac{21}{80}$

③ $\frac{5}{6} \times \frac{11}{3} = \frac{5 \times 11}{6 \times 3} = \frac{55}{18}$

④ $\frac{10}{9} \times \frac{8}{7} = \frac{10 \times 8}{9 \times 7} = \frac{80}{63}$

107

答え

分数のかけ算 2

組　　番　氏名

GOAL 全員が(分数)×(分数)の計算で約分ができるようになる。

❶ □に当てはまる数を書きましょう。

$$\frac{6}{7} \times \frac{5}{12} = \frac{\boxed{6} \times 5}{7 \times \boxed{12}} = \frac{\boxed{5}}{\boxed{14}}$$

(上の□: 1, 下の□: 2)

❷ かけ算をして、問題を解きましょう。

① $\frac{4}{7} \times \frac{1}{8} = \frac{\overset{1}{4} \times 1}{7 \times \underset{2}{8}} = \frac{1}{14}$　② $\frac{9}{10} \times \frac{4}{5} = \frac{9 \times \overset{2}{4}}{\underset{5}{10} \times 5} = \frac{18}{25}$

③ $\frac{2}{9} \times \frac{3}{11} = \frac{2 \times \overset{1}{3}}{\underset{3}{9} \times 11} = \frac{2}{33}$　④ $\frac{9}{16} \times \frac{8}{5} = \frac{9 \times \overset{1}{8}}{\underset{2}{16} \times 5} = \frac{9}{10}$

⑤ $\frac{8}{15} \times \frac{3}{4} = \frac{\overset{2}{8} \times \overset{1}{3}}{\underset{5}{15} \times \underset{1}{4}} = \frac{2}{5}$　⑥ $\frac{8}{9} \times \frac{3}{20} = \frac{\overset{2}{8} \times \overset{1}{3}}{\underset{3}{9} \times \underset{5}{20}} = \frac{2}{15}$

⑦ $\frac{9}{100} \times \frac{25}{21} = \frac{\overset{3}{9} \times \overset{1}{25}}{\underset{4}{100} \times \underset{7}{21}} = \frac{3}{28}$　⑧ $\frac{7}{9} \times \frac{9}{7} = \frac{\overset{1}{7} \times \overset{1}{9}}{\underset{1}{9} \times \underset{1}{7}} = 1$

分数のかけ算 3

組　　番　氏名

GOAL 全員が(整数)×(分数)の計算、(分数)×(整数)ができるようになる。

❶ □に当てはまる数を書きましょう。

① $2 \times \frac{3}{5} = \frac{\boxed{2} \times 3}{\boxed{1} \times 5} = \frac{\boxed{6}}{\boxed{5}}$

② $1\frac{3}{4} \times \frac{4}{9} = \frac{\boxed{7}}{4} \times \frac{4}{9} = \frac{\boxed{7} \times \overset{1}{\cancel{4}}}{\underset{1}{\cancel{4}} \times 9} = \frac{\boxed{7}}{\boxed{9}}$

❷ かけ算をして、問題を解きましょう。

① $7 \times \frac{2}{9} = \frac{7 \times 2}{1 \times 9} = \frac{14}{9}$　② $4 \times \frac{3}{10} = \frac{\overset{2}{4} \times 3}{1 \times \underset{5}{10}} = \frac{6}{5}$

③ $\frac{7}{8} \times 3 = \frac{7 \times 3}{8 \times 1} = \frac{21}{8}$　④ $\frac{7}{15} \times 5 = \frac{7 \times \overset{1}{5}}{\underset{3}{15} \times 1} = \frac{7}{3}$

⑤ $1\frac{1}{2} \times \frac{5}{6} = \frac{\overset{1}{3} \times 5}{2 \times \underset{2}{6}} = \frac{5}{4}$　⑥ $3\frac{3}{7} \times 1\frac{5}{6} = \frac{\overset{4}{24} \times 11}{7 \times \underset{1}{6}} = \frac{44}{7}$

❸ 自分で整数と分数のかけ算の問題を作って、2人に解いてもらい、正解したらサインをもらいましょう。

✎ 友だちのサイン [　　　] [　　　]

分数のかけ算 4

組　　番　氏名

GOAL 全員がかける数と積の大きさの関係が分かり、計算できる。

❶ □に当てはまる不等号を書きましょう。

① $7 \times 1\frac{3}{4} \boxed{>} 7$　② $\frac{3}{5} \times \frac{5}{8} \boxed{<} \frac{3}{5}$

❷ 分数の計算をして、問題を解きましょう。

① $\frac{2}{9} \times \frac{3}{4} \times \frac{5}{8} = \frac{\overset{1}{2} \times \overset{1}{3} \times 5}{\underset{3}{9} \times \underset{2}{4} \times 8} = \frac{5}{48}$

② $\frac{5}{7} \times \frac{1}{6} \times \frac{4}{15} = \frac{5 \times 1 \times \overset{2}{4}}{7 \times \underset{3}{6} \times \underset{15}{15}} = \frac{2}{63}$

③ $\frac{3}{8} \times \frac{5}{6} \times \frac{2}{5} = \frac{\overset{1}{3} \times \overset{1}{5} \times \overset{1}{2}}{\underset{4}{8} \times \underset{2}{6} \times \underset{1}{5}} = \frac{1}{8}$

④ $\frac{9}{16} \times \frac{8}{21} \times \frac{7}{10} = \frac{9 \times 8 \times 7}{16 \times 21 \times 10} = \frac{3}{20}$

⑤ $\frac{7}{10} \times 6 \times 1\frac{1}{9} = \frac{7 \times \overset{2}{6} \times \overset{1}{10}}{\underset{1}{10} \times 1 \times \underset{3}{9}} = \frac{14}{3}$

⑥ $2\frac{1}{4} \times 20 \times \frac{4}{5} = \frac{9 \times 20 \times 4}{4 \times 1 \times 5} = 36$

分数のかけ算 5

組　　番　氏名

GOAL 全員が分数で面積や体積を求めることができる。

❶ 下の長方形の面積を求めましょう。

[式] $\frac{2}{3} \times \frac{7}{6} = \frac{\overset{1}{2} \times 7}{3 \times \underset{3}{6}} = \frac{7}{9}$

[答え] $\frac{7}{9}$ cm²

❷ 下の図形の面積、立体の体積をそれぞれ求めましょう。

① [式] $\frac{4}{7} \times \frac{4}{7} = \frac{4 \times 4}{7 \times 7} = \frac{16}{49}$

[答え] $\frac{16}{49}$ cm²

②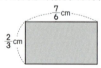

[式] $\frac{3}{4} \times \frac{5}{6} \times \frac{8}{15} = \frac{\overset{1}{3} \times \overset{1}{5} \times \overset{2}{8}}{\underset{1}{4} \times \underset{2}{6} \times \underset{15}{15}} = \frac{1}{3}$

[答え] $\frac{1}{3}$ cm³

❸ 分数で面積、体積を求める問題を自分で作って、3人に解いてもらい、正解したらサインをもらいましょう。

✎ 友だちのサイン [　　　] [　　　] [　　　]

分数のかけ算 6

___組___番 氏名_____

GOAL 全員が分数の計算のきまりを分かって計算することができる。

❶ □に当てはまる数を書きましょう。

① $\left(\dfrac{1}{14}\times\dfrac{5}{3}\right)\times\dfrac{21}{5}=\dfrac{1}{14}\times\left(\dfrac{\boxed{5}}{\boxed{3}}\times\dfrac{21}{5}\right)$

② $\dfrac{3}{8}\times\dfrac{3}{7}+\dfrac{3}{8}\times\dfrac{4}{7}=\dfrac{\boxed{3}}{\boxed{8}}\times\left(\dfrac{3}{7}+\dfrac{4}{7}\right)$

❷ 工夫して計算しましょう。

① $\left(\dfrac{7}{8}\times\dfrac{5}{4}\right)\times\dfrac{4}{5}=\dfrac{7}{8}\times\left(\dfrac{5\times4}{4\times5}\right)=\dfrac{7}{8}\times1=\dfrac{7}{8}$

② $\left(\dfrac{3}{14}+\dfrac{5}{7}\right)\times14=\dfrac{3}{14}\times14+\dfrac{5}{7}\times14=3+10=13$

❸ 下の問題を計算しましょう。またどんな工夫をして計算したかを3人に説明し、なっ得してもらえたらサインをもらいましょう。

$\dfrac{2}{9}\times\dfrac{10}{11}+\dfrac{7}{9}\times\dfrac{10}{11}=$

$\left(\dfrac{2}{9}+\dfrac{7}{9}\right)\times\dfrac{10}{11}=1\times\dfrac{10}{11}=\dfrac{10}{11}$

✎ 友だちのサイン [ ][ ][ ]

分数のかけ算 7

___組___番 氏名_____

GOAL 全員が逆数の意味が分かり、逆数を求めることができる。

❶ 逆数について例を使って、3人に説明し、なっ得してもらえたらサインをもらいましょう。

2つの数の積が1になるとき、一方の数をもう一方の逆数という。例えば、

$\dfrac{2}{5}\times\dfrac{5}{2}=1$ や $\dfrac{1}{9}\times9=1$

✎ 友だちのサイン [ ][ ][ ]

❷ 次の数の逆数を求めましょう。

① $\dfrac{3}{8}$ $\left(\dfrac{8}{3}\right)$ ② $\dfrac{2}{3}$ $\left(\dfrac{3}{2}\right)$ ③ $\dfrac{1}{6}$ (6)

④ $\dfrac{12}{7}$ $\left(\dfrac{7}{12}\right)$ ⑤ 2 $\left(\dfrac{1}{2}\right)$ ⑥ 0.7 $\left(\dfrac{10}{7}\right)$

⑦ 0.09 $\left(\dfrac{100}{9}\right)$

分数のかけ算 8

___組___番 氏名_____

GOAL 全員が分数のかけ算の文章問題を解くことができる。

❶ 1Lの重さが $\dfrac{9}{10}$ kg の油があります。この油が $\dfrac{3}{5}$ L のとき、重さは何 kg ですか。

[式] $\dfrac{9}{10}\times\dfrac{3}{5}=\dfrac{9\times3}{10\times5}=\dfrac{27}{50}$

[答え] $\dfrac{27}{50}$ kg

❷ 米1kgの中には、でんぷんが約 $\dfrac{3}{4}$ kg ふくまれています。米 $3\dfrac{1}{3}$ kg にはおよそ何 kg のでんぷんがふくまれていますか。

[式] $\dfrac{3}{4}\times3\dfrac{1}{3}=\dfrac{3}{4}\times\dfrac{10}{3}=\dfrac{\overset{1}{\cancel{3}}\times\overset{5}{\cancel{10}}}{\underset{2}{\cancel{4}}\times\underset{1}{\cancel{3}}}=\dfrac{5}{2}$

[答え] $\dfrac{5}{2}$ kg

❸ たてが $\dfrac{2}{7}$ m、横が $\dfrac{7}{12}$ m、高さが $\dfrac{3}{8}$ m の直方体があります。この直方体の体積は何 m³ ですか。

[式] $\dfrac{2}{7}\times\dfrac{7}{12}\times\dfrac{3}{8}=\dfrac{\overset{1}{\cancel{2}}\times\overset{1}{\cancel{7}}\times\overset{1}{\cancel{3}}}{\underset{1}{\cancel{7}}\times\underset{4}{\cancel{12}}\times\underset{4}{\cancel{8}}}=\dfrac{1}{16}$

[答え] $\dfrac{1}{16}$ m³

分数のわり算 1

___組___番 氏名_____

GOAL 全員が (分数)÷(分数) の計算を分かり、できるようになる。

❶ 分数÷分数の計算のやり方を「逆数」という言葉を使って、3人に説明し、なっ得してもらえたらサインをもらいましょう。

(分数)÷(分数)の計算は、わる数の逆数をかける。

✎ 友だちのサイン [ ][ ][ ]

❷ わり算の計算をしましょう。

① $\dfrac{2}{9}\div\dfrac{3}{4}=\dfrac{2\times4}{9\times3}=\dfrac{8}{27}$ ② $\dfrac{1}{7}\div\dfrac{5}{6}=\dfrac{1\times6}{7\times5}=\dfrac{6}{35}$

③ $\dfrac{5}{8}\div\dfrac{2}{3}=\dfrac{5\times3}{8\times2}=\dfrac{15}{16}$ ④ $\dfrac{3}{10}\div\dfrac{2}{3}=\dfrac{3\times3}{10\times2}=\dfrac{9}{20}$

⑤ $\dfrac{6}{7}\div\dfrac{5}{3}=\dfrac{6\times3}{7\times5}=\dfrac{18}{35}$ ⑥ $\dfrac{4}{5}\div\dfrac{7}{6}=\dfrac{4\times6}{5\times7}=\dfrac{24}{35}$

⑦ $\dfrac{5}{4}\div\dfrac{8}{9}=\dfrac{5\times9}{4\times8}=\dfrac{45}{32}$ ⑧ $\dfrac{9}{5}\div\dfrac{4}{3}=\dfrac{9\times3}{5\times4}=\dfrac{27}{20}$

答え

分数のわり算 2

___組___番 氏名___

🏅 GOAL
全員が(分数)÷(分数)の計算で約分ができるようになる。

❶ □に当てはまる数を書きましょう。

と中で約分して計算するとかんたんだね。

$$\frac{3}{7} \div \frac{3}{4} = \frac{\boxed{1}}{\underset{1}{\cancel{3}} \times 4}{7 \times \cancel{3}} = \frac{\boxed{4}}{\boxed{7}}$$

❷ わり算の計算をしましょう。

① $\frac{3}{8} \div \frac{6}{7} = \frac{3 \times 7}{8 \times \cancel{6}} = \frac{7}{16}$ (with 1/2 cancel)

② $\frac{3}{10} \div \frac{5}{8} = \frac{3 \times \cancel{8}}{\cancel{10} \times 5} = \frac{12}{25}$ (4/5)

③ $\frac{5}{12} \div \frac{2}{9} = \frac{5 \times \cancel{9}}{\cancel{12} \times 2} = \frac{15}{8}$ (3/4)

④ $\frac{4}{9} \div \frac{11}{6} = \frac{4 \times \cancel{6}}{\cancel{9} \times 11} = \frac{8}{33}$ (2/3)

⑤ $\frac{7}{10} \div \frac{7}{8} = \frac{\cancel{7} \times \cancel{8}}{\cancel{10} \times \cancel{7}} = \frac{4}{5}$ (1·4/5·1)

⑥ $\frac{4}{15} \div \frac{10}{9} = \frac{\cancel{4} \times \cancel{9}}{\cancel{15} \times \cancel{10}} = \frac{6}{25}$ (2·3/5·5)

⑦ $\frac{7}{12} \div \frac{14}{15} = \frac{\cancel{7} \times \cancel{15}}{\cancel{12} \times \cancel{14}} = \frac{5}{8}$ (1·5/4·2)

⑧ $\frac{3}{100} \div \frac{6}{25} = \frac{\cancel{3} \times \cancel{25}}{\cancel{100} \times \cancel{6}} = \frac{1}{8}$ (1·1/4·2)

分数のわり算 3

___組___番 氏名___

🏅 GOAL
全員が(整数)÷(分数)の計算，(分数)÷(整数)ができるようになる。

❶ 下の①，②の問題を解いて，どのように解いたかを2人に説明し，なっ得してもらえたらサインをもらいましょう。

① $6 \div \frac{5}{8}$ 　$6 \div \frac{5}{8} = \frac{6}{1} \div \frac{5}{8} = \frac{6 \times 8}{1 \times 5} = \frac{48}{5}$

② $\frac{3}{4} \div 1\frac{2}{5}$ 　$\frac{3}{4} \div 1\frac{2}{5} = \frac{3}{4} \div \frac{7}{5} = \frac{3 \times 5}{4 \times 7} = \frac{15}{28}$

✏ 友だちのサイン ___ ___

❷ わり算をしましょう。

① $5 \div \frac{3}{7} = \frac{5 \times 7}{1 \times 3} = \frac{35}{3}$

② $10 \div \frac{14}{9} = \frac{\cancel{10} \times 9}{1 \times \cancel{14}} = \frac{45}{7}$ (5/7)

③ $\frac{3}{4} \div 8 = \frac{3 \times 1}{4 \times 8} = \frac{3}{32}$

④ $\frac{8}{5} \div 6 = \frac{\cancel{8} \times 1}{5 \times \cancel{6}} = \frac{4}{15}$ (4/3)

⑤ $\frac{5}{6} \div 3\frac{1}{2} = \frac{5}{6} \div \frac{7}{2} = \frac{5 \times \cancel{2}}{\cancel{6} \times 7} = \frac{5}{21}$ (1/3)

⑥ $2\frac{2}{3} \div \frac{4}{7} = \frac{8}{3} \div \frac{4}{7} = \frac{\cancel{8} \times 7}{3 \times \cancel{4}} = \frac{14}{3}$ (2/1)

⑦ $1\frac{1}{5} \div 1\frac{3}{8} = \frac{6}{5} \div \frac{11}{8} = \frac{6 \times 8}{5 \times 11} = \frac{48}{55}$

⑧ $1\frac{5}{12} \div 2\frac{5}{6} = \frac{17}{12} \div \frac{17}{6} = \frac{\cancel{17} \times \cancel{6}}{\cancel{12} \times \cancel{17}} = \frac{1}{2}$ (1·1/2·1)

分数のわり算 4

___組___番 氏名___

🏅 GOAL
全員がわる数と商の大きさの関係が分かり，計算できる。

❶ ① $1\frac{2}{5}$ mのねだんが28円の赤いリボンと，$\frac{4}{5}$ mのねだんが28円の青いリボンがあります。1mのねだんは何円ですか。またどのように1mのねだんを求めたか3人に説明し，なっ得してもらえたらサインをもらいましょう。

✏ 友だちのサイン ___ ___ ___

○赤いリボンについて

$$28 \div 1\frac{2}{5} = \frac{\overset{4}{\cancel{28}} \times 5}{1 \times \cancel{7}} = 20$$ 　赤いリボンは1mにつき，20円。

○青いリボンについて

$$28 \div \frac{4}{5} = \frac{\overset{7}{\cancel{28}} \times 5}{1 \times \cancel{4}} = 35$$ 　青いリボンは1mにつき，35円。

② 商がわられる数の28より大きくなるのはどちらですか。

[答え] 　青いリボン

❷ □に当てはまる等号や不等号を書きましょう。

わる数<1のとき…商□わられる数
わる数=1のとき…商□わられる数
わる数>1のとき…商□わられる数

① $7 \div \frac{2}{3}$ 　$\boxed{>}$ 　7

② $9 \div 1\frac{1}{6}$ 　$\boxed{<}$ 　9

③ $\frac{4}{5} \div 1$ 　$\boxed{=}$ 　$\frac{4}{5}$

④ $\frac{3}{8} \div \frac{7}{9}$ 　$\boxed{>}$ 　$\frac{3}{8}$

分数のわり算 5

___組___番 氏名___

🏅 GOAL
全員がかけ算とわり算のまじった分数を計算できる。

❶ 下の問題を解きましょう。そして，どうやって解いたかを3人に説明し，なっ得してもらえたらサインをもらいましょう。

$$\frac{1}{3} \div \frac{5}{6} \times \frac{5}{9}$$

$$\frac{1}{3} \div \frac{5}{6} \times \frac{5}{9} = \frac{1}{3} \times \frac{6}{5} \times \frac{5}{9} = \frac{1 \times \cancel{6} \times \cancel{5}}{\cancel{3} \times \cancel{5} \times \cancel{9}} = \frac{2}{9}$$

✏ 友だちのサイン ___ ___ ___

❷ 計算をしましょう。

① $\frac{8}{9} \times \frac{1}{4} \div \frac{5}{6} = \frac{\cancel{8} \times 1 \times \cancel{6}}{\cancel{9} \times \cancel{4} \times 5} = \frac{4}{15}$

② $\frac{4}{5} \times \frac{1}{2} \div \frac{9}{10} = \frac{4 \times 1 \times \cancel{10}}{\cancel{5} \times \cancel{2} \times 9} = \frac{4}{9}$

③ $\frac{14}{9} \times 6 \div \frac{7}{5} = \frac{\cancel{14} \times \cancel{6} \times 5}{\cancel{9} \times 1 \times \cancel{7}} = \frac{20}{3}$

④ $\frac{7}{8} \div 14 \times \frac{10}{11} = \frac{\cancel{7} \times 1 \times \cancel{10}}{\cancel{8} \times \cancel{14} \times 11} = \frac{5}{88}$

⑤ $\frac{9}{10} \div \frac{3}{4} \times \frac{5}{8} = \frac{\cancel{9} \times \cancel{4} \times \cancel{5}}{\cancel{10} \times \cancel{3} \times 8} = \frac{3}{4}$

⑥ $\frac{8}{7} \div 4 \times \frac{5}{2} = \frac{\cancel{8} \times 1 \times 5}{7 \times \cancel{4} \times 2} = \frac{5}{7}$ (実際 = $\frac{4}{35}$ではなく、答えの表記に従い) 　$\frac{4}{35}$ではなく問題に合わせ: $\frac{8}{7} \div 4 \div \frac{5}{2} = \frac{4}{35}$

⑦ $\frac{5}{6} \div \frac{1}{4} \div \frac{4}{9} = \frac{5 \times \cancel{4} \times \cancel{9}}{\cancel{6} \times 1 \times \cancel{4}} = \frac{15}{2}$

⑧ $\frac{10}{7} \div \frac{8}{3} \div \frac{15}{14} = \frac{\cancel{10} \times 3 \times \cancel{14}}{7 \times \cancel{8} \times \cancel{15}} = \frac{1}{2}$

分数のわり算 6

___組___番 氏名_____

🏅 GOAL
全員が分数, 小数, 整数のまじった計算ができる。

❶ 下の問題を解きましょう。そして、どうやって解いたかを3人に説明し、なっ得してもらえたらサインをもらいましょう。

$2 \times \dfrac{6}{7} \div 0.3$

$2 \times \dfrac{6}{7} \div 0.3 = \dfrac{2}{1} \times \dfrac{6}{7} \times \dfrac{3}{10} = \dfrac{\overset{2}{\cancel{2}} \times 6 \times 10}{1 \times 7 \times \underset{1}{\cancel{3}}} = \dfrac{40}{7}$

✏ 友だちのサイン [ ] [ ] [ ]

❷ 小数や整数を分数で表して計算しましょう。

① $0.7 \div \dfrac{7}{8} = \dfrac{7}{10} \times \dfrac{8}{7} = \dfrac{\overset{1}{\cancel{7}} \times \overset{4}{\cancel{8}}}{\underset{5}{\cancel{10}} \times \underset{1}{\cancel{7}}} = \dfrac{4}{5}$

② $\dfrac{7}{9} \div 2 \div 2.1 = \dfrac{7}{9} \div \dfrac{2}{1} \div \dfrac{21}{10} = \dfrac{\overset{1}{\cancel{7}} \times 1 \times \overset{5}{\cancel{10}}}{9 \times 2 \times \underset{3}{\cancel{21}}} = \dfrac{5}{27}$

③ $0.39 \times 7 \div 9.1 = \dfrac{39}{100} \times \dfrac{7}{1} \div \dfrac{91}{10} = \dfrac{\overset{3}{\cancel{39}} \times \overset{1}{\cancel{7}} \times \overset{1}{\cancel{10}}}{\underset{10}{\cancel{100}} \times 1 \times \underset{13}{\cancel{91}}} = \dfrac{3}{10}$

④ $7.2 \div 5 \div 0.36 = \dfrac{72}{10} \div \dfrac{5}{1} \div \dfrac{36}{100} = \dfrac{\overset{2}{\cancel{72}} \times 1 \times \overset{2}{\cancel{100}}}{\underset{1}{\cancel{10}} \times 5 \times \underset{1}{\cancel{36}}} = 4$

分数のわり算 7

___組___番 氏名_____

🏅 GOAL
全員が場面から, わり算の式を作って答えを求めることができる。

❶ $\dfrac{8}{5}$ ㎡の重さが $\dfrac{5}{6}$ kg の板があります。この場面から①, ②の問題を解きましょう。

① この板 1 ㎡の重さは何 kg ですか。

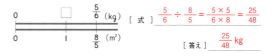

[式] $\dfrac{5}{6} \div \dfrac{8}{5} = \dfrac{5 \times 5}{6 \times 8} = \dfrac{25}{48}$

[答え] $\dfrac{25}{48}$ kg

② この板 1kg の面積は何 ㎡ですか。

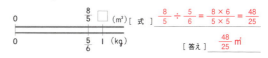

[式] $\dfrac{8}{5} \div \dfrac{5}{6} = \dfrac{8 \times 6}{5 \times 5} = \dfrac{48}{25}$

[答え] $\dfrac{48}{25}$ ㎡

❷ ❶の問題を例にして, 自分で問題を作りましょう。作った問題を3人に解いてもらい, 正解したらサインをもらいましょう。

[問題] (例) バケツの $\dfrac{3}{7}$ まで水を入れるのに $\dfrac{1}{5}$ L 使いました。バケツいっぱいに水を入れるには, 何 L 必要ですか。

[式] (例) $\dfrac{1}{5} \div \dfrac{3}{7} = \dfrac{1}{5} \times \dfrac{7}{3} = \dfrac{7}{35}$

[答え] (例) $\dfrac{7}{35}$ L

✏ 友だちのサイン [ ] [ ] [ ]

分数のわり算 8

___組___番 氏名_____

🏅 GOAL
全員が分数の倍や商や積を使って答えを求めることができる。

❶ 赤, 青, 緑の3本のヒモがあります。赤のヒモの長さは $\dfrac{2}{3}$ m, 青のヒモの長さは $\dfrac{14}{9}$ m, 緑のヒモの長さは $\dfrac{3}{7}$ m です。

① 青のヒモの長さは, 赤のヒモの長さの何倍ですか。

[式] $\dfrac{14}{9} \div \dfrac{2}{3} = \dfrac{\overset{7}{\cancel{14}} \times \overset{1}{\cancel{3}}}{\underset{3}{\cancel{9}} \times \underset{1}{\cancel{2}}} = \dfrac{7}{3}$

[答え] $\dfrac{7}{3}$ 倍

② 緑のヒモの長さは, 赤のヒモの長さの何倍ですか。

[式] $\dfrac{3}{7} \div \dfrac{2}{3} = \dfrac{3 \times 3}{7 \times 2} = \dfrac{9}{14}$

[答え] $\dfrac{9}{14}$ 倍

❷ だいきさんの体重は 36kg で, お父さんの体重はだいきさんの $\dfrac{7}{4}$ 倍, 妹の体重はだいきさんの $\dfrac{5}{6}$ 倍です。

① お父さんの体重は何 kg ですか。

[式] $36 \times \dfrac{7}{4} = \dfrac{\overset{9}{\cancel{36}} \times 7}{1 \times \underset{1}{\cancel{4}}} = 63$

[答え] 63kg

② 妹の体重は何 kg ですか。

[式] $36 \times \dfrac{5}{6} = \dfrac{\overset{6}{\cancel{36}} \times 5}{1 \times \underset{1}{\cancel{6}}} = 30$

[答え] 30kg

分数のわり算 9

___組___番 氏名_____

🏅 GOAL
全員がもととなる数の大きさを求めることができる。

❶ ゆみさんは, 540円の筆箱を買いました。この筆箱のねだんは, コンパスのねだんの $\dfrac{9}{5}$ 倍です。

① コンパスのねだんを x 円として, コンパスのねだんと筆箱のねだんの関係をかけ算の式にして表しましょう。

[式] $x \times \dfrac{9}{5} = 540$

② コンパスのねだんは何円ですか。x に当てはまる数を求めて答えましょう。

[式] $x = 540 \div \dfrac{9}{5} = \dfrac{\overset{60}{\cancel{540}} \times 5}{1 \times \underset{1}{\cancel{9}}} = 300$

[答え] 300 円

❷ ひろきさんは, 120円のメロンパンを買いました。このメロンパンのねだんは, 食パンのねだんの $\dfrac{3}{7}$ 倍です。食パンのねだんは何円ですか。

[式] $x \times \dfrac{3}{7} = 120$ より, $x = 120 \div \dfrac{3}{7} = \dfrac{\overset{40}{\cancel{120}} \times 7}{1 \times \underset{1}{\cancel{3}}} = 280$

[答え] 280 円

❸ 自分で「もとにする大きさ」を求める問題を作って, 2人に解いてもらい, 正解したらサインをもらいましょう。

[問題] (例) あやこさんは 300 円のイチゴを買いました。このイチゴはメロンのねだんの $\dfrac{3}{5}$ 倍です。メロンのねだんは何円ですか。

[式] (例) $x \times \dfrac{3}{5} = 300$ $x = 300 \div \dfrac{3}{5} = \dfrac{\overset{100}{\cancel{300}} \times 5}{1 \times \underset{1}{\cancel{3}}} = 500$

[答え] (例) 500 円

✏ 友だちのサイン [ ] [ ]

答え

立体の体積 1

___組___番 氏名_____

GOAL　全員が角柱の体積の求め方を説明することができる。

❶ 下の三角柱の体積を求めましょう。またどうやって求めたかを3人に説明し、なっ得してもらえたらサインをもらいましょう。

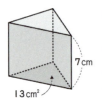

角柱の体積は
（角柱の体積）＝（底面積）×（高さ）
で求めることができる。
よって
13 × 7 ＝ 91 cm³

友だちのサイン

❷ 三角柱の体積を求める問題を作って、2人に解いてもらい、正解したらサインをもらいましょう。

[問題]（例）底面積が33cm²で高さが8cmの三角柱の体積を求めましょう。

[式]（例）33×8＝264　　[答え]（例）264cm³

友だちのサイン

立体の体積 2

___組___番 氏名_____

GOAL　全員が角柱の体積を求めることができる。

❶ 角柱の体積を求めましょう。

①

[式]　6 × 8 ÷ 2 × 12
　　 ＝ 24 × 12
　　 ＝ 288

[答え] 288cm³

②

[式]　25 × 8 ＝ 200

[答え] 200cm³

③

[式]　(6 ＋ 9) × 4 ÷ 2 × 7
　　 ＝ 30 × 7
　　 ＝ 210

[答え] 210cm³

立体の体積 3

___組___番 氏名_____

GOAL　全員が円柱やいろいろな立体の体積の求め方を説明することができる。

❶ 円柱の体積の求め方を、図を用いて3人に説明し、なっ得してもらえたらサインをもらいましょう。

円柱の体積は
（円柱の体積）＝（底面積）×（高さ）で
求めることができる。
よって右の図の円柱の体積は
（5×5×3.14）× 8 ＝ 628cm³

友だちのサイン

❷ 下の円柱の体積を求めましょう。

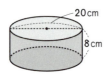

[式]　(10 × 10 × 3.14) × 8 ＝ 2512

[答え] 2512cm³

立体の体積 4

___組___番 氏名_____

GOAL　全員が円柱やいろいろな立体の体積を求めることができる。

❶ 次の立体の体積を求めましょう。

①

[式]　6 × 6 × 3.14 × 10
　　 ＝ 113.04 × 10
　　 ＝ 1130.4

[答え] 1130.4cm³

②

[式]　5 × 5 × 3.14 ÷ 2 × 9
　　 ＝ 39.25 × 9
　　 ＝ 353.25

[答え] 353.25cm³

③

[式]　(10 × 9 － 6 × 3) × 3
　　 ＝ 72 × 3
　　 ＝ 216

[答え] 216cm³

112

立体の体積 5

___組 ___番 氏名_____

🏅 GOAL
全員がおよその面積を求めることができる。

❶ 下の図のような公園のおよその面積を求めましょう。またどうやって求めたかを3人に説明し、なっ得してもらえたらサインをもらいましょう。

[式]　60 × 60 ＝ 3600

[答え]　3600㎡

（例）この公園はおよそ正方形とみることができるから。

✏️ 友だちのサイン ｜　　　｜　　　｜　　　｜

❷ 下のドームのおよその面積を求めましょう。

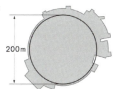

[式]　200 ÷ 2 ＝ 100
　　　　100 × 100 × 3.14 ＝ 31400

[答え]　約31400㎡

比とその応用 1

___組 ___番 氏名_____

🏅 GOAL
全員が割合を比で表すことができる。

❶「比」という言葉を「割合」という言葉を使って3人に説明し、なっ得してもらえたらサインをもらいましょう。

「a」と「b」という数字がある。
その割合は「a：b」と表す。このように表された割合のことを「比」という。

✏️ 友だちのサイン ｜　　　｜　　　｜　　　｜

❷ みかんが3個、りんごが5個あります。
みかんとりんごの個数の割合を比で表して、その比の値を求めましょう。そしてどのようにして求めたかを3人に説明し、なっ得してもらえたらサインをもらいましょう。

みかんとりんごの個数の割合を比で表すと、
3：5 となる。
比の値を求めると、
$3 ÷ 5 = \frac{3}{5}$

みかん3個　　　りんご5個

✏️ 友だちのサイン ｜　　　｜　　　｜　　　｜

比とその応用 2

___組 ___番 氏名_____

🏅 GOAL
全員が比の値を求めることができる。

❶ 次の比の値を求めましょう。

① 1：3
　$1 ÷ 3 = \frac{1}{3}$

② 2：9
　$2 ÷ 9 = \frac{2}{9}$

③ 8：17
　$8 ÷ 17 = \frac{8}{17}$

④ 18：24
　$18 ÷ 24 = \frac{18}{24} = \frac{3}{4}$

⑤ 21：15
　$21 ÷ 15 = \frac{21}{15} = \frac{7}{5}$

⑥ 16：12
　$16 ÷ 12 = \frac{16}{12} = \frac{4}{3}$

❷ 次の比と等しい比を下の□から選んで書きましょう。

① 2：5
　$2 ÷ 5 = \frac{2}{5}$
　[答え]　10：25

② 12：28
　$12 ÷ 28 = \frac{12}{28} = \frac{3}{7}$
　[答え]　6：14

| 6：14　9：15　18：48　10：25 |

比とその応用 3

___組 ___番 氏名_____

🏅 GOAL
全員が等しい比の性質が分かり、比をかんたんにすることができる。

❶ 下に示す①、②のそれぞれ2つの比は等しい比です。
これがどうして等しい比であるかを3人に説明し、なっ得してもらえたらサインをもらいましょう。

①「1：2」と「9：18」
「1：2」に9をかけると、
「9：18」になるから。

②「20：15」と「4：3」
「20：15」を5でわると、
「4：3」になるから。

✏️ 友だちのサイン ｜　　　｜　　　｜　　　｜

❷ 次の比と等しい比を2つずつ書きましょう。

① 6：10　　　　　　　　　（ 3：5, 12：20 など ）

② 12：15　　　　　　　　（ 4：5, 24：30 など ）

❸ 次の比をかんたんにしましょう。

① 12：18
　6でわると、2：3になる。

② 56：21
　7でわると、8：3になる。

③ 1.4：3.5
　10をかけると、14：35になるのでここで、7でわると2：5になる。

④ $\frac{4}{9} : \frac{4}{15}$
　45をかけると、20：12になるのでここで、4でわると5：3になる。

113

答え

比とその応用 4

___組 ___番 氏名_____

🎯 **GOAL** 全員が比の関係を使って、一方の量を求めることができる。

❶ 次の式で，xの表す数を求めましょう。またどうやって求めたかを3人に説明し，なっ得してもらえたらサインをもらいましょう。

① $2:3 = x:9$
9は3に3をかけるので，
2にも3をかけると，$x = 6$ となる。

② $28:49 = 4:x$
28を7でわると4になるので，
49も7でわると，$x = 7$ となる。

✏️ 友だちのサイン

❷ 次の式で，xを表す数を求めましょう。

① $9:8 = 45:x$
9に5をかけると45になるので
8にも5をかけると $x = 40$ になる。

② $30:7.5 = x:2.5$
7.5を3でわると2.5になるので
30を3でわると $x = 10$ になる

❸ たてと横の長さの比が 5:7 の長方形があります。横の長さは56cmです。たての長さは何cmですか。

たての長さを x cm とすると
$5:7 = x:56$ より
$x = 5 × 8$

[式] $x = 40$ [答え] 40cm

❹ コーヒー牛乳を800mL作ります。コーヒーと牛乳を2:3の割合で混ぜるとき，牛乳は何mL必要ですか。

牛乳の量を x mL とすると
$3:5 = x:800$ より
$x = 3 × 160$

[式] $x = 480$ [答え] 480mL

拡大図と縮図 1

___組 ___番 氏名_____

🎯 **GOAL** 全員が拡大図と縮図の性質が分かる①。

❶ 下の図を見て、次の問題に答えましょう。そしてなぜその答えになるかを3人に説明し，なっ得してもらえたらサインをもらいましょう。

① ⑦の三角形の拡大図はどれですか。（ キ ）

それは，何倍の拡大図ですか。（ 2倍 ）

② ⑦の三角形の縮図はどれですか。（ エ ）

それは，何分の一の縮図ですか。（ 2分の一 ）

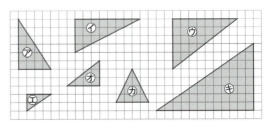

✏️ 友だちのサイン

拡大図と縮図 2

___組 ___番 氏名_____

🎯 **GOAL** 全員が拡大図と縮図の性質が分かる②。

❶ 下の図の四角形 EFGH は，四角形 ABCD の $\frac{1}{2}$ の縮図です。

① 辺 CD に対応する辺はどれですか。
（ 辺 GH ）

② 辺 BC は何cmですか。
（ 5cm ）

③ 角 H に対応する角はどれですか。
（ 角 D ）

④ 角 F の大きさは何度ですか。
（ 60 度 ）

❷ 拡大図または縮図の問題を作って，3人に解いてもらったらサインをもらいましょう。

✏️ 友だちのサイン

拡大図と縮図 3

___組 ___番 氏名_____

🎯 **GOAL** 全員が拡大図や縮図をかくことができる①。

❶ 下の三角形 ABC を2倍に拡大した三角形 DEF をかきましょう。また，どのようにかいたかを3人に説明し，なっ得してもらえたらサインをもらいましょう。

解答例：

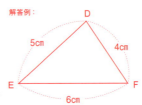

（例）2倍の拡大図なので，まず辺 EF の 6cm をかく。4cm はかったコンパスで F をもとに円をかき，5cm はかったコンパスで E をもとに円をかき，交わった所を D とし，DF，DE に線を引く。

✏️ 友だちのサイン

❷ 下の三角形 ABC の $\frac{1}{2}$ の縮図，三角形 DEF をかきましょう。また，どのようにかいたかを3人に説明し，なっ得してもらえたらサインをもらいましょう。

解答例：

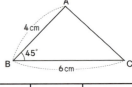

✏️ 友だちのサイン

拡大図と縮図 4

___組___番 氏名_____

GOAL 全員が拡大図や縮図をかくことができる②。

❶ 頂点Aを中心として、四角形ABCDの拡大図と縮図をかきましょう。
① 2倍の拡大図
② $\frac{1}{3}$ の縮図

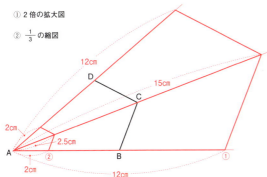

❷ 下の三角形ABCの $\frac{1}{3}$ の縮図をかきましょう。また、どのようにかいたかを3人に説明し、なっ得してもらえたらサインをもらいましょう。

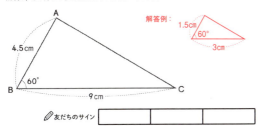

解答例：

友だちのサイン

拡大図と縮図 5

___組___番 氏名_____

GOAL 全員が縮図を利用して、実際の長さを求めることができる。

❶ 下の図は、ある公園の縮図です。
① 公園の実際の横の長さ20mを5cmに縮めて表しています。この縮図の縮尺を、分数と比で表しましょう。
・分数 （ $\frac{1}{400}$ ）
・比 （ 1：400 ）

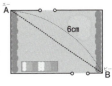

② 実際の公園のABのきょりは何mですか。
6 × 400 = 2400cm = 24m
(24m)

❷ 下の図は、ゆみさんが木から50mはなれたところに立って、木の上はしAを見上げている様子を表したものです。この木の実際の高さを、縮図を利用して求めましょう。
① 直角三角形ABCの $\frac{1}{1000}$ の縮図をかきましょう。

50m = 5000cm
5000 × $\frac{1}{1000}$ = 5cm

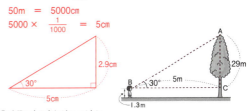

② 実際の木の高さは何mですか。
2.9 × 1000 = 2900cm = 29m
29 + 1.3 = 30.3
(30.3m)

速さ 1

___組___番 氏名_____

GOAL 全員が速さの求め方や表し方が分かる。

❶ 速さはどうすれば求めることができるか、「時間」、「道のり」という言葉を使って3人に説明し、なっ得してもらえたらサインをもらいましょう。

「速さ」は
（速さ）＝（道のり）÷（時間）で求めることができる。

友だちのサイン

❷ 次の速さを求めましょう。
① 2700mのきょりを15分間で走る自転車の分速
［式］ 2700 ÷ 15 = 180
［答え］ 分速180m

② 2880kmのきょりを、3時間で飛ぶ飛行機の時速
［式］ 2880 ÷ 3 = 960
［答え］ 時速960km

③ 2880kmのきょりを、3時間で飛ぶ飛行機の分速
［式］ 960 ÷ 60 = 16
［答え］ 分速16km

速さ 2

___組___番 氏名_____

GOAL 全員が速さと時間から、道のりを求めることができる。

❶ □に当てはまる言葉や数を書きましょう。
① 道のり ＝ 速さ × 時間

② 時速35kmで走る自動車が3時間に進む道のりは何kmですか。

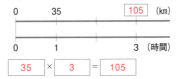

35 × 3 = 105

❷ 次の道のりを求めましょう。
① 分速68mで歩く人が、25分間に進む道のりは何mですか。
［式］ 68 × 25 = 1700
［答え］ 1700m

② 秒速340mで伝わる音が、8秒間に進むきょりは何mですか。
［式］ 340 × 8 = 2720
［答え］ 2720m

③ 分速200mの自転車が、2時間に進む道のりは何mですか。
2時間 = 120分 より
200 × 120 = 24000
［式］ 24000m = 24km
［答え］ 24km

115

速さ 3

___組___番 氏名_____

🏅 GOAL
全員が速さと道のりから，時間を求めることができる。

❶ 分速 600m のバイクが，4.8km 進むのにかかる時間を「x」として求めましょう。求めたら 2 人に求め方を説明し，なっ得してもらえたらサインをもらいましょう。

[式]
$600 \times x = 4800$
$x = 4800 \div 600$
$= 8$

[答え] 8 分

✏ 友だちのサイン

❷ 下の問題を解きましょう。

① さやかさんは，分速 150m で 1 周 3km のジョギングコースを走ります。1 周するのに何分かかりますか。

[式]
3km ＝ 3000m
かかる時間が x 分とすると，
$150 \times x = 3000$
$x = 3000 \div 150$
$= 20$

[答え] 20 分

② 時速 45km で走る自転車が，105km の道のりを走りました。かかった時間は何時間何分ですか。

[式]
かかる時間を x 時間とすると，
$45 \times x = 105$
$x = 105 \div 45$
$= 2\frac{1}{3}$

[答え] 2 時間 20 分（$2\frac{1}{3}$ 分）

速さ 4

___組___番 氏名_____

🏅 GOAL
全員が速さが同じとき，道のりは時間に比例することが分かる。

❶ 分速 4km で走る新幹線があります。

① 走った時間を x 分，進んだ道のりを y km として，道のりを求める式を書きましょう。

[式] $4 \times x = y$

② x が 1, 2, 3, ・・・6 と変わると，y はそれぞれいくつになりますか。下の表の空らんに当てはまる数を書きましょう。

走った時間 x（分）	1	2	3	4	5	6
進んだ道のり y（km）	4	8	12	16	20	24

③ 進んだ道のりは，走った時間とどんな関係にありますか。また，そのように考えたわけを 3 人に説明し，なっ得してもらえたらサインをもらいましょう。

「進んだ道のり」と「走った時間」は比例している。
なぜなら，
「走った時間」が 2 倍，3 倍・・・になると，
「進んだ道のり」も 2 倍，3 倍・・・になるからである。

✏ 友だちのサイン

④ 走った時間が 30 分のときに進んだ道のりは，走った時間が 10 分のときの進んだ道のりの何倍ですか。

[答え] 3 倍

速さ 5

___組___番 氏名_____

🏅 GOAL
全員が作業する速さを比べることができる。

❶ A の機械は 1 時間に 4200 枚，B の機械は 8 分間に 480 枚印刷できます。速く印刷できるのはどちらの機械か確かめましょう。また，どうしてそちらの機械のほうが速く印刷できると決めたかを 3 人に説明し，なっ得してもらえたらサインをもらいましょう。

・A と B どちらが速く印刷できますか。速く印刷できると思うほうに○をつけましょう。

 Ⓐ　B

その理由を下に書きましょう。

A が 1 分あたりに印刷できる枚数は，
1 時間＝ 60 分より　4200 ÷ 60 ＝ 70
よって A が 1 分あたりに印刷できる枚数は 70 枚である。
また B が 1 分あたりに印刷できる枚数は，
480 ÷ 8 ＝ 60
よって A が 1 分あたりに印刷できる枚数は 60 枚である。
したがって，A の機械のほうが速く印刷できる。

✏ 友だちのサイン

❷ A のトラクターは 2 時間で 9000㎡，B のトラクターは 3 時間で 12000㎡ 耕すことができます。速く耕すことができるのは，どちらのトラクターですか。

[式]
A・・・9000 ÷ 2 ＝ 4500㎡
B・・・12000 ÷ 3 ＝ 4000㎡

[答え] A のトラクターのほうが速く耕すことができる。

比例 反比例 1

___組___番 氏名_____

🏅 GOAL
全員が比例の関係を，式に表して説明することができる。

❶ 下の表は，1 枚の重さが 1g の 1 円玉の，枚数と重さを表したものです。（ ）に当てはまる数字を書きましょう。

1 枚の枚数 x（枚）	1	2	3	4
重さ y（g）	1	2	3	(4)

❷ ❶のやり方を下の空らんに書きましょう。

（例）x が 1 増えると，y も 1 増えるから，4 の下は 4 になる。

❸ （ ）に当てはまる言葉を書きましょう。

y が x に比例する場合，y の値を対応している x でわり算をすると商は（ 1 ）になる。これはどのたての列を見ても（ 同じ ）である。

❹ ❶の表を x と y の式で表すとどうなりますか。

[式] $y = x$

❺ 比例の関係を式で表すと，どのような式になりますか。❶〜❹を見て考えましょう。「定まった数」，「x」，「y」の 3 つの言葉で表し，式を作って 3 人に説明し，なっ得してもらえたらサインをもらいましょう。

（例）❶のたての列でわり算をすると，全て答えが 1 となる。
　　　だから比例の式は，$y =$ 定まった数 $\times x$ になる。

✏ 友だちのサイン

比例　反比例 2

___組___番　氏名_____

GOAL 全員が比例の性質はどうなっているのかを説明することができる。

下の表は家にある100円玉の、枚数と厚さを表にしたものです。

枚数 x (枚)	2	3	4	5	6
厚さ y (mm)	4	6	8	10	12

（⑦）倍
（④）倍

❶ ⑦、④に当てはまる数を書きましょう。
⑦（ 2 ）　④（ 2 ）

❷ y を x の式で表しましょう。
［式］ $y = 2x$

❸ 比例の性質を、「x」、「y」、「2倍」、「3倍」という言葉を使って空らんに書き、3人に説明し、なっ得してもらえたらサインをもらいましょう。

（例）比例の性質として x の値が2倍、3倍になると、y の値も2倍、3倍になる。

✎ 友だちのサイン ｜｜｜

❹ 上の表で枚数が1000枚の場合の高さは何cmになりますか。式と答えを書きましょう。
［式］ $y = 2x$　$y = 2 \times 1000$　$y = 2000$(mm)　2000mm＝200cm
［答え］ 200cm

比例　反比例 3

___組___番　氏名_____

GOAL 全員が小数の場合でも比例の関係が成り立つことを説明することができる。

❶ 下の表は円周率が3.14の円の直径と円周の長さを表したものです。式を書きましょう。

直径 x (cm)	1	2	3	4	5	6
円周 y (cm)	3.14	6.28	9.42	12.56	15.7	18.84

［式］ $y = 3.14x$

❷ ❶の表を見て、「x」「y」「小数」、という言葉を使って「比例は成立する」という文末で比例の性質を述べなさい。また、自分で小数の比例の表と式を2つ作成し、3人に説明し、なっ得してもらえたらサインをもらいましょう。

x が1増えると y の値が3.14ずつ増加する。x の値が2倍、3倍になると、y が2倍、3倍になる。だから小数の場合でも、比例は成立する。

小数の比例の表 ①

(例)	100円玉の枚数 (枚)	1	2	3	4	5	6
	全体の重さ (g)	3.2	6.4	9.6	12.8	16	19.2

小数の比例の表 ②

(例)	色紙の枚数 (枚)	1	2	3	4	5	6
	全体の重さ (g)	0.1	0.2	0.3	0.4	0.5	0.6

（例）式①：$y = 3.2x$
（例）式②：$y = 0.1x$

✎ 友だちのサイン ｜｜｜

比例　反比例 4

___組___番　氏名_____

GOAL 全員が分数の場合でも比例の関係が成り立つ理由を説明することができる。

下の表は底辺が3cmの三角形の高さと面積を表したものです。

（⑦）倍

高さ x (cm)	1	2	3	4	5	6
面積 y (cm)	$\frac{3}{2}$	（⑦）	$\frac{9}{2}$	6	（④）	9

$\frac{1}{2}$ 倍

❶ y を x の式で表しましょう。
［式］ $y = \frac{3}{2}x$

❷ ⑦〜⑦に当てはまる数を書きましょう。
⑦（ 3 ）　④（ $\frac{15}{2}$ ）　⑦（ $\frac{1}{2}$ ）

❸ ❶、❷を参考にして、分数でも比例の関係が成り立つ理由を「x」、「y」、「$\frac{1}{2}$ 倍」という言葉を使って空らんに書きましょう。また、分数で比例が成り立つ例を2つ以上挙げて3人以上に説明し、なっ得してもらえたらサインをもらいましょう。

x の値が $\frac{1}{2}$ 倍、$\frac{1}{3}$ 倍…となると、y の値も $\frac{1}{2}$ 倍、$\frac{1}{3}$ 倍…となるため、比例の関係が成り立つ。

（例）四角錐の体積、三角錐の体積など

✎ 友だちのサイン ｜｜｜

比例　反比例 5

___組___番　氏名_____

GOAL 全員が比例と比例ではないものの区別ができるようになる。

❶ 下の表は時速40kmで走る車の速さと進んだきょりの表です。

時間 x (時間)	1	2	3	4
距離 y (km)	40	80	120	160

❷ 下の表はおすしの個数と重さの表です。

個数 x (個)	1	2	3	4
重さ y (g)	10	23	46	67

❸ ❶の表の空らんをうめましょう。

❹ ❶と❷で比例はどちらでしょうか。理由を2つ以上書きましょう。また、❶、❷を参考に自分で比例と比例ではないものの表を作成して、3人に説明し、なっ得してもらえたらサインをもらいましょう。

（例）比例は❶です。理由としては x が、2倍、3倍と増えたら y も2倍、3倍と増えるからです。また、比例は y 対応する x でわると商はどこを見ても同じです。❶は2つの条件に当てはまるけれど、y は当てはまりません。だから❶が比例です。

比例：（横の長さが8cmの長方形のたての長さと面積の関係）

(例)	たての長さ x (cm)	1	2	3	4
	面積 y (cm²)	8	16	24	32

比例ではないもの：（羊の重さ）

(例)	数 x (頭数)	1	2	3	4
	重さ y (kg)	73	143	245	331

✎ 友だちのサイン ｜｜｜

117

答え

比例　反比例 ６

___組___番　氏名_____

🏆 GOAL
全員が比例のグラフの書き方を説明できる。

❶ 下の表は，横の長さが18cmの長方形の，たての長さと面積の関係を表したものです。

たての長さ x(cm)	1	2	3	4
面積 y(cm²)	18	36	54	72

① y を x の式で表しましょう。
　[式]　$y = 18x$

② x と y の関係を，グラフに表しましょう。

❷ 下の表は正方形のまわりの長さの表です。空らんをうめてグラフに表しましょう。また，グラフの表し方を３人に説明し，なっ得してもらえたらサインをもらいましょう。

辺の長さ（cm）	1	2	3	4
周りの長さ（cm）	4	①8	12	②16

（例）
1. x の値が1のとき，y の座標は4であるため，(1,4) に点を書く。
2. x の値が2のとき，y の座標は8であるため，(2,8) に点を書く。
3. x の値が3のとき，y の値は12となるから (3,12) に点を書く。
4. x の値が4のとき，y の値は16となるから (4,16) に点を書く。
5. 1～4で書いた点を直線で結ぶ。

🖉 友だちのサイン

比例　反比例 ７

___組___番　氏名_____

🏆 GOAL
全員が２つの比例のグラフの数量の関係を読み取り，説明することができる。

下のグラフは，じゃぐち A，じゃぐち B が同時に水を出したときの，時間と量を表しています。

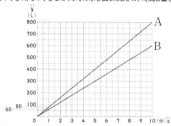

❶ A・B それぞれの y を x の式で表しましょう。
　A ($y = 80 \times x$)　　B ($y = 60 \times x$)

❷ A のじゃぐちが7分30秒間に出した水の量は何Lですか。
　(　600L　)

❸ B のじゃぐちが600Lの水を出したときに使った時間は何分ですか。
　(　10分　)

❹ A と B のじゃぐちで同じ時間水を出すと，どちらのほうが量は多いですか。理由を３つ書き，３人に説明し，なっ得してもらえたらサインをもらいましょう。

（例）
1. A と B を y と x で表すと A は $y=80x$，B は $y=60x$ となる。A は1分間に80L，B は60L 水を出すことになるから A のほうが水を出す量が多い。
2. 時間に着目する。10分の部分に着目すると A は10分で800L 出ることになるが，B は10分で600L 出ることが分かる。よって A のほうが水を出す量が多い。
3. グラフの位置が A の方が B より上にあるため，A のほうが B より水を出す量が多い。

🖉 友だちのサイン

比例　反比例 ８

___組___番　氏名_____

🏆 GOAL
全員が比例を利用して問題の解き方を説明することができる。

❶ 同じ種類のおり紙10枚の重さをはかると5g ありました。色紙800枚を，全部数えないで用意する方法を考えます。空らんに入る数を書き，やり方を説明しましょう。

個数 x（枚）	10	800
重さ y(g)	5	400

（例）5÷10=0.5
　1枚0.5gのおり紙が800枚あるため，0.5×800を計算する。
　0.5×800 = 400g

❷ 同じ種類の磁石20個の重さをはかると120g ありました。この磁石を1320g 分用意したときの，磁石の個数を２通りの求め方で説明しましょう。ただし，「比例」という言葉を使うことが条件です。３人に説明し，なっ得してもらえたらサインをもらいましょう。

個数 x（個）	20	220
重さ y(g)	120g	1320

（例）①磁石1個の重さを出す。120÷20=6　1個6gが磁石の重さということが分かる。磁石の重さは個数に比例しているため，1320÷6=220　答えは220個となる。
②1320÷120=11　比例より個数が11倍になるため，重さも11倍になる。よって
　20×11=220　答えは220個となる。

🖉 友だちのサイン

比例　反比例 ９

___組___番　氏名_____

🏆 GOAL
全員が反比例の性質を説明することができる。

❶ 下の表は，面積が60cm²の長方形の，底辺と高さを表したものです。

底辺の長さ x(cm)	1	2	3	4	5	6
高さ y(cm)	60	30	20	15	12	10

（上）$\frac{1}{3}$倍，$\frac{1}{2}$倍
（下）(イ)倍，(ア)倍

① (ア)(イ) に当てはまる数字を書きましょう。
　(ア)(2)　(イ)(3)

② 下の(ア)(イ) に当てはまる数を書きましょう。
　y が x に反比例するとき，x の値が $\frac{1}{2}$ 倍，$\frac{1}{3}$ 倍，…となると，それにともなって y の値は(　ア　)倍，(　イ　)…倍となる。
　(ア)(2)　(イ)(3)

❷ 下の表は面積18cm²の三角形を表したもので，反比例になっています。なぜ反比例になっているかについて「反比例の性質」という言葉を使って，空らんに書きましょう。３人に説明し，なっ得してもらえたらサインをもらいましょう。

底辺の長さ x(cm)	1	2	3
高さ y(cm)	36	18	12

（例）底辺である x の値が3cmのとき，y の値が12となっている。x の値が1のとき，y の値は36となっている。反比例の性質として y が x に反比例するとき，x の値が2倍，3倍，となると，y は $\frac{1}{2}$ 倍，$\frac{1}{3}$ 倍となる。それを満たしているから上の表は反比例である。

🖉 友だちのサイン

比例　反比例 ⑩

組　番　氏名

GOAL 全員がこれまでの算数の時間で学習した例から反比例の例を説明することができる。

❶ 下の表は、面積が 24cm²の三角形の底辺 x cmと、高さ y cmの関係を表しています。

底辺 x (cm)	1	2	3	4
高さ y (cm)	48	24	16	12

① 上の表が反比例の理由を「反比例の性質」という言葉を使って下の空らんに書きましょう。

（例）反比例の性質として, x が2倍, 3倍となると y は $\frac{1}{2}$, $\frac{1}{3}$ 倍となる。底辺が1から3へ増加するとき, x は3倍になっている。また, y は 48 から 16 へ $\frac{1}{3}$ 倍となっている。これは反比例の性質を満たしているため, 反比例である。

❷ これまでで学習した例の中から,反比例の性質のものを2つ取り上げ,自分で表を作りましょう。また、なぜそれらが反比例になるのかについて下の空らんに書き,3人に説明し,なっ得してもらえたらサインをもらいましょう。

①（例）平行四辺形の体積24cm²の底辺を x cm,高さ y cmの関係を表している。

底辺 x (cm)	1	2	3	4
高さ y (cm)	24	12	8	6

②（例）72kmの道を向かうときの時速と時間の関係

時速 x (km)	1	2	3	4
時間 y (時間)	72	36	24	18

（例）①も②も x が2倍, 3倍となると y は $\frac{1}{2}$, $\frac{1}{3}$ 倍となる。平行四辺形の底辺と高さの関係と,時速と時間の関係も x が2倍, 3倍となると y は $\frac{1}{2}$, $\frac{1}{3}$ 倍となる。よって作成した2つは反比例していることが分かる。

友だちのサイン

比例　反比例 ⑪

組　番　氏名

GOAL 全員が反比例の関係をグラフに表すことができる。

❶ 下の表は、18kmの道のりを行くときの、時速とかかる時間を表したものです。

時速 x (km)	1	1.5	③	3	6	10	12
かかる時間 y (時間)	18	①	9	6	3	②	1.5

① 空らんに当てはまる数を書きましょう。　①（ 12 ）②（ 1.8 ）③（ 2 ）

② y を x の式で表しましょう。　［式］　$y = \dfrac{18}{x}$

③ x と y の値をグラフに表しましょう。

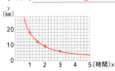

❷ 下の表は、面積が 12cm²の平行四辺形の底辺と高さを表したものです。

底辺 x (cm)	1	2	3	4	6	12
高さ y (cm)	12	6	4	3	2	1

① y を x の式で表しましょう。　［式］　$y = \dfrac{12}{x}$

② ①の値をグラフに書いて、書き方をクラス全員がなっ得できるように下の空らんに書きましょう。3人に説明し，なっ得してもらえたらサインをもらいましょう。

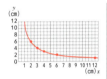

（例）グラフの書き方の手順は3つです。
① x の値を横, y の値をたてに書きます。
② $y = \dfrac{12}{x}$ のグラフの座標を求める。
（ x が1のとき, y が12, x が2のとき, y が6, x が3のとき, y が4, x が4のとき, y が3, x が6のとき, y が2, x が12のとき y が1になるようにグラフに点を打つ。）
③ 点を結びます。

友だちのサイン

並べ方 ❶

組　番　氏名

GOAL 全員が並べ方の問題の解き方を説明することができる。

❶ 給食を配るときに、A, B, C の3人が順に並びます。3人の並ぶ順番には、どのようなものがあるか調べます。

① 1番目を①, 2番目を②, 3番目を③として, 1番目に A が並ぶ順番を、下の図のように表しました。□に適当な文字を書きましょう。

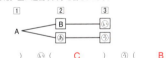

あ（ C ）　い（ C ）　う（ B ）

② 3人が並ぶ順番は、全部で何通りありますか。

（ 6 ）通り

❷ 次の問題に答えましょう。

① 2人でじゃんけんをしたら、あいこの出方は全部で何通りありますか。

（ 3 ）通り

② 3人でじゃんけんをするとき、あいこの出方は全部で何通りありますか。3人にやり方を説明し、なっ得してもらえたらサインをもらいましょう。

（例）図を作って数える。
3人でじゃんけんをしてグーの場合、あいこになる場合は（グー・チョキ・パー）（グー・グー・グー）（グー・パー・チョキ）の3種類となっている。
それがチョキの場合とパーの場合があるため、3×3=9通りとなる。

友だちのサイン

並べ方 ❷

組　番　氏名

GOAL 全員が組み合わせの問題の解き方を説明することができる。

❶ 下の表を見て、問題に答えましょう。
A,B,C,D,E の5人でバドミントンをします。どのメンバーも1回ずつ試合をするとき、どんな対戦があるか調べます。

	A	B	C	D	E
A		○	○	○	○
B			○	○	○
C				○	○
D					○
E					

① 上の表のあ、いはだれとだれが対戦しているか、それぞれ書きましょう。

あ（ AとB ）　い（ CとE ）

② 5人の対戦は全部で何通りありますか。

（ 10 ）通り

❷ A, B, C, D, の4チームでサッカーをします。どのチームも1回ずつ試合をするとき、4チームの対戦は全部で何通りありますか。

（ 6 ）通り

❸ A, B, C 3人の中から2人組を作ると、全部で3通りあります。そのためのやり方を下の空らんに書き、3人に説明し、なっ得してもらえたらサインをもらいましょう。

（例）やり方：組み合わせを全部書いて、同じ組み合わせを消す。
（A,B）（A,C）（B,A）（B,C）（C,A）（C,B）これらは全部で6通りある。
その中で（A,B）と（B,A）、（B,C）と（C,B）、（A,C）と（C,A）は同じだから
6-3=3
答え 3通り。

友だちのサイン

答え

並べ方 ③

___組___番 氏名_____

🏆GOAL 全員が並べ方か，組み合わせ方を考えて，問題の解き方を説明することができる。

❶ 下の図は，定食屋さんのメニューです。A,B,C から1つずつ選びます。何通りのセットができますか。

A：ご飯／うどん／そば
B：焼き魚／ステーキ
C：紅茶／コーヒー／コーラ

① ご飯を選んだとき，何通りのセットができますか。
（　6　）通り

② うどんを選んだとき，そばを選んだとき，それぞれ何通りのセットができますか。
うどん（　6　）通り　　そば（　6　）通り

③ 全部で何通りのセットができますか。
（　18　）通り

④ 上の問題は組み合わせと並べ替えのどちらですか。
（　組み合わせ　）

❷ A, B, C, D, E の 5人から図書係を 2人選ぶと 10 通りになります。この問題の解き方を「並べ方」か「組み合わせ方」どちらかの言葉を必ず使って 3 人に説明し，なっ得してもらえたらサインをもらいましょう。

> この問題は，組み合わせである。表を使って，だれがだれといっしょになるかを考えるからだ。そうすると（A, B）（B, A）（A, C）（C, A）…のように，同じ組み合わせが出てくる。同じ組み合わせをのぞくから，表の半分だけ使う。丸の数を数えると 10 個だから 10 通りになる。

資料の調べ方 ①

___組___番 氏名_____

🏆GOAL 全員が集団での記録を平均や散らばりで比べるやり方を説明することができる。

❶ 下の表は，すぐるさんが 7月4日と 7月5日にしゅうかくしたトマト 4個の重さを記録したものです。

7月4日にしゅうかくしたトマトの重さ (g)
(1)	(2)	(3)	(4)
102	100	97	105

7月5日にしゅうかくしたトマトの重さ (g)
(1)	(2)	(3)	(4)
105	107	99	101

❷ 軽いトマトがしゅうかくできたのは 7月4日と 7月5日どちらですか。トマトの平均で比べましょう。
（　7月4日　）

❸ 下の図に，7月4日，7月5日にしゅうかくしたトマトの重さを数直線で表しましょう。

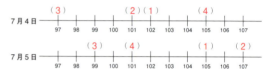

7月4日：(3) 99, (2) 100, (1) 102, (4) 105
7月5日：(3) 99, (4) 101, (1) 105, (2) 107

❹ 7月4日と7月5日にしゅうかくしたトマトのそれぞれで，1番重い重さと 1番軽い重さの差を求め，3人に説明し，なっ得してもらえたらサインをもらいましょう。

> （例）7月4日　105-97=8
> 　　　7月5日　107-99=8

資料の調べ方 ②

___組___番 氏名_____

🏆GOAL 全員が資料を表に整理して，その表の読み取り方を説明することができる。

❶ 下の表は，今日の朝たくやさんがしゅうかくした 13個のナスの重さを記録したものです。

ナスの重さ (g)
① 19 ② 18 ③ 10 ④ 16 ⑤ 16 ⑥ 15 ⑦ 15
⑧ 19 ⑨ 14 ⑩ 17 ⑪ 16 ⑫ 13 ⑬ 22

畑のナスの重さ
重さ(g)	個数(個)
9以上～12未満	1
12 ～15	3
15 ～18	6
18 ～21	3
21 ～24	1
合計	13

① 重さを3gずつに区切って，ナスの数を上の表に整理します。18gのナスはどのはんいに入りますか。
（　18～21　）

② もしも17.9gのナスがあったとすると，どのはんいに入りますか。
（　15～18　）

③ それぞれのはんいに入るナスの数を上の表に書きましょう。

❷ 今日の朝，ゆうやさんがしゅうかくした15個のイチゴの重さについて，下の表に整理しました。

① 重さが18g未満のイチゴは何個ありますか。また，その割合は全体の個数の何%ですか。答えの出し方を書き，3人に説明し，なっ得してもらえたらサインをもらいましょう。

> （例）18g未満ということは，9～12g，12～15g，15～18gの3つの個数を足して，全体の個数の15でわり算をすると分かる。
> 1+ 3+ 8=12
> 12÷15=0.8　80％

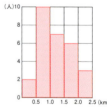

重さ(g)	個数(個)
9以上～12未満	1
12 ～15	3
15 ～18	8
18 ～21	2
21 ～24	1
合計	15

② 重い方から数えて4番目のイチゴは，何g以上何g未満のはんいにありますか。
（　15g以上～18g未満　）

資料の調べ方 ③

___組___番 氏名_____

🏆GOAL 全員がグラフを表にして，そのグラフの読み取り方を説明することができる。

❶ 下の表はひろきさんのクラス全員の通学きょりについて，きょりを0.5kmずつに区切って，児童の数を整理したものです。

① この表を柱状グラフに表しましょう。

通学きょりと人数
きょり (km)	人数
0 以上 0.5 未満	2
0.5 以上 1.0 未満	10
1.0 以上 1.5 未満	7
1.5 以上 2.0 未満	6
2.0 以上 2.5 未満	3
合計	28

❷ 下の柱状グラフは，6年男子と女子のソフトボール投げの記録を表したものです。

① 男子と女子それぞれで，投げたきょりの人数が多いのは，何m以上何m未満のはんいですか。グラフに矢印を書きましょう。

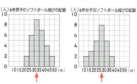

② 35m以上投げた人が多いのは，男子と女子のどちらですか。どのように比べたか 3人に説明し，なっ得してもらえたらサインをもらいましょう。

> グラフで35m以上投げた人数を比べてみる。男子は13人，女子は2人だったので，35m以上投げた人が多いのは男子。

資料の調べ方 ❹

___組___番 氏名_____

🏅GOAL
全員が複数のグラフを読んで，求められていることを説明することができる。

❶ 下のグラフは，日本の人口の変化と，将来の予測を表したものです。グラフを見て答えましょう。

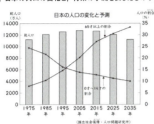

① 日本の総人口が1番多いのは何年ですか。（ **2005 年** ）
② 2005年の，日本の総人口を基にした65才以上の人口の割合，0～14才の割合，65才以上の割合はそれぞれおよそ何％ですか。
　　0～14才の割合（ **約 14％** ）　　65才以上（ **約 20％** ）
③ 2025年の日本の総人口は，約12000万人と予測されます。2025年の0～14才の人口が11％の場合およそ何万人と予測できますか。
（ **約 132 万人** ）
④ 2035年の65才以上の人は総人口のおよそ3人に1人の割合となっています。この割合をどのように求めるかを「棒グラフ」「折れ線グラフ」という言葉を必ず使って下の空らんに書きましょう。

（例）**2035年の棒グラフと2035年の65才以上の折れ線グラフを見る。65才以上の割合は30％をこえている。よって，65才以上は3人に1人以上といえる。**

✏️友だちのサイン			

量と単位の仕組み ❶

___組___番 氏名_____

🏅GOAL
全員が面積の単位とその仕組みを説明することができる。

❶ □に当てはまる単位や数を書きましょう。

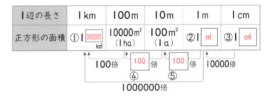

❷ □に当てはまる単位を書きましょう。
① おり紙の面積は，148 **c㎡** です。
② 日本一大きい湖の面積は，670 **k㎡** です。
③ 公園の面積は，323 **㎡** です。

❸「たて10m，横20mの面積はいくつですか。「a」を使って求めましょう。」という問題で答えを200aと書いたクラスメイトがいました。この答えのどこがことなるか，正しい答えは何になるかを3人に説明し，なっ得してもらえたらサインをもらいましょう。

（例）**10×200 = 200㎡。100㎡=1a となるから 2a となる。200㎡ からaの単位にすると，2a となるからまちがいである。**

✏️友だちのサイン			

❹ 次の面積を〔 〕の中の単位で表しましょう
① 7㎡〔c㎡〕（ **70000c㎡** ）　② 5ha〔a〕（ **500a** ）
③ 800a〔ha〕（ **8ha** ）　④ 80k㎡〔a〕（ **800000 a** ）

量と単位の仕組み ❷

___組___番 氏名_____

🏅GOAL
全員が長さや重さ，リットルがつく単位とメートル法の仕組みを理解することができる。

❶ □に当てはまる単位や数を書きましょう。

大きさを表すことば	キロ k	ヘクト h	デカ da		デシ d	センチ c	ミリ m
意味	1000倍	100倍	10倍	1	$\frac{1}{10}$倍	$\frac{1}{100}$倍	①$\frac{1}{1000}$倍
長さの単位	② **km**	(hm)	(dam)	m	(dm)	③ **cm**	mm
重さの単位	kg	(hg)	(dag)	g	(dg)	(cg)	④ **mg**
体積の単位	kL	(hL)	(daL)	L	⑤ **dL**	(cL)	mL

❷ 次の□に当てはまる単位を書きましょう。
① 富士山の高さは3776 **m** です。
② 赤ちゃんの体重は3 **kg** です。
③ ペットボトルに入っているお茶の体積は500 **mL** です。

❸ 3000 mLは3Lである。なぜ，そうなるかを「mL」，「L」，「1000」という言葉を使って説明しましょう。3人に説明し，なっ得してもらえたらサインをもらいましょう。

（例）**1mLを1000集めると1Lになる。1Lを3つ集めると3Lになる。1L =1000mL だから3L =3000mL となる。**

✏️友だちのサイン			

❹ 次の数値を（ ）の中の単位で表しましょう。
① 9kg（g）（ **9000g** ）　② 56mm（cm）（ **5.6cm** ）
③ 7km（m）（ **7000m** ）　④ 100 hm（cm）（ **1000000cm** ）

執　筆　森一平・山崎大樹

協　力　株式会社 教育同人社
編　集　株式会社ナイスク（http://www.naisg.com）
　　　　松尾里央　高作真紀　鈴木英里子　杉中美砂　谷口蒼
装　丁　mika
本文フォーマット／デザイン　佐々木志帆（株式会社ナイスク）
ＤＴＰ　株式会社ツー・ファイブ
イラスト　おたざわ ゆみ

小学校　算数
『学び合い』を成功させる課題プリント集　6年生

2018（平成30）年4月16日　初版第1刷発行

編著者　西川　純・木村　薫
発行者　錦織圭之介
発行所　株式会社 東洋館出版社
　　　　〒113-0021　東京都文京区本駒込 5-16-7
　　　　営業部　TEL 03-3823-9206 ／ FAX 03-3823-9208
　　　　編集部　TEL 03-3823-9207 ／ FAX 03-3823-9209
　　　　振　替　00180-7-96823
　　　　http://www.toyokan.co.jp/

印刷・製本　藤原印刷株式会社
ISBN978-4-491-03524-6
Printed in Japan